All Voices from the Island

島嶼湧現的聲音

臺灣最好的時刻

1977—1987

民族記憶美麗島

吳乃德——著

在那個最好的時刻，我曾經和許多人交會。
其中很多人，你從他們的臉孔和衣衫，
可以想像現實生活給他們的壓力。
不過他們仍然樂意為價值和理念付出。
他們不會被載入歷史，卻長在我心中。
這本書獻給他們。

目次

1 前言：民族的精神資產

我很喜歡哈佛歷史學者姬兒・勒玻蕾（Gill Lepore）的作品。這位美國史學界的耀眼新星認為，書寫歷史這門技藝就是用過去的故事來提出一個論點。歷史書寫不是漫無目標地記載過去，而是以其中的故事演奏現代人可以共鳴的主題。本書敘述的是臺灣民主誕生的故事。可是我們用這些故事說明什麼呢？

每一個民族都有自己的集體記憶。這些記憶是民族認同的一部分，甚至是重要的基礎。共同的回憶創造共同的認同。本書敘述的階段，是臺灣歷史中政治壓迫最嚴厲、也最公然無隱的時段。在那個時段中，政治壓迫不再只是道聽途說，不再只是在暗夜的失蹤，也不再只是不可知、且不可測的疑懼。大逮捕、大審判就發生在周遭，透過媒體向大眾展示。對無辜婦人和女孩的屠殺，也毫無遮掩發生在大白天，發生在臺北的鬧區。然而這個艱難的時刻，卻也是臺灣人表現最無私、勇敢和團結的時刻。

本書敘述在這個最壞、也是最好的時刻中發生的故事。故事的中心是美麗島事件。表面上看來，該事件是民主運動的挫敗，幾乎所有的參與者，不論是領導階層或工作人員都被逮捕入獄，長年失去自由。如今在事後我們知道：美麗島事件其實促成了臺灣的民主化。沒有美麗島事件，就沒有臺灣民主。

美麗島事件對臺灣民主化如此重要，可是許多國內外學者在解釋臺灣民主轉型時候，除了極少數的例外，大多沒有提到這個事件。因為這個事件和他們的理論有巨大的矛盾。他們將蔣經國視為臺灣民主化的推動者。如果蔣經國是臺灣民主化的推手，那如何解釋他在解嚴前幾年，仍然逮捕所有民主運動的參與者，企圖肅清民主運動？在高雄發生的美麗島事件，明顯是一場群眾集會導致的警民衝突。蔣經國卻將這場衝突升級為「以武力顛覆政府」的叛亂。因為缺乏「武力顛覆政府」的行為證據，所以必須仰賴「自白」來加以定罪。為了創造不實的自白，所以必須對民主運動者加以刑求。刑求之後是嚴厲的處罰。如果蔣經國是民主的推手，如何解釋這些侵犯民主價值、束縛民主生機的行為？因為無法解釋，在大多數國內外學者討論臺灣民主化的著作中，美麗島事件從來沒有發生過。

可是它確實發生過，而且我們非提不可，非將它存入民族的記憶不可。不只因為我們對自己國家的發展必須有所理解，也因為這個事件展現臺灣人的精神力量。這個力量是每一個民族的重要資產。

第二次世界大戰期間，當美國尚未參戰，納粹帝國已經占領幾乎整個歐洲，英國勢單力孤在艱苦中奮鬥，大約有三萬人（包括婦女和兒童）死於納粹的轟炸。在那個最黑暗的時刻，邱吉爾首相鼓舞人民說，千年之後英國如果還存在，英國人依然會說：「這是他們最好的時刻（this was their finest hour）。」未來如果臺灣民族倖免於滅亡，後代臺灣人記憶那個艱苦的時期或許也會說，那是臺灣人最好的時刻。

在那個最好的時刻中，臺灣人集體展現了人類心中「善良天使」的那一面：同情、正義和勇氣。那個時代之所以是最好的時刻，因為許多人有著共同的價值，也願意為這些價值付出。

每一個民族的歷史都或多或少有這樣的時刻。捷克民主化之後的第一任總統哈維爾，回顧捷克人民反抗共產黨暴政時這樣說，「那個階段顯現了蟄眠於我們社會中巨大的人道、道德、與精神的潛力。」被譽為「歷史上第一位社會學者」的法國思想家托克維爾，在其《舊政權與法國革命》這樣描述革命階段的法國：「歷史上從無任何一個年代曾經見證過如此多人、以如此熱情獻身於公共福祉，如此真誠地忘記自己，如此不顧私人生活所珍惜的一切，如此願意克服心中的狹小情感。這是引發法國革命中偉大行為的熱情、勇氣和愛國情操的來源。如此景觀雖然短暫，卻是無可比擬的壯觀。」

這段記憶讓我們對自己有信心。它同時也讓我們回頭凝視現在，然後問自己：我們臺灣人到底要成為什麼樣的民族？

然而，歷史記憶不是歷史。牛津大學一位歷史學者書寫邱吉爾的時候這樣說：「嚴肅的歷史學者的任務，不是創造令人舒適的神話，而是在於摧毀神話；在於提醒讀者過去那個時期不是黃金年代，我們的祖先不是天才，那個時期充滿了我們如今完全無法容忍的不平等、悲慘和苦難；在於對讀者顯示，先前的世代和我們今天一樣，面對難題的時候盲目亂闖……俾斯麥和史達林的成就仍然是一項歷史紀錄；可是每一新世代的歷史學者都發現新證據顯示他們的渺小、或殘酷、或強烈的報復心。在另一個極端上，林肯和甘地的智慧和幽默是如此明顯，以致當我們發現他們是政治操作的高手時，我們震驚不已。」

書寫歷史記憶確實不是在寫歷史。可是書寫歷史記憶的人仍然須要牢記這些提醒，如果他們不希望其書寫成為幼稚的神話，不希望書寫的人物成為沒有生命的偶像。不過，過去的時期即使不是黃金時代，或許也有值得啟發後人的時刻。那個時代中的人物即使不是天才和完人，他們或許和每一個凡人一樣，具有感動後人的一面。我們需要重新看見這些面向，雖然我們也不能忽略他們的不足。

如民主轉型此種大規模的政治變動，當然不可能是單一因素的影響。美麗島事件之後民主運動者持續的努力，只是臺灣民主化的因素之一。我們書寫民族記憶不能忽略其他眾多因素的作用，如社會變遷、經濟發展帶來的有利條件等。美麗島事件之後的數年，也是國民黨獨裁政權最脆弱的時候。退出聯合國、中美建交讓國民黨的威權體制失去正當性；既然收復大陸已不可能，根據憲法和它的三民主義，國會必須全面改選，戒嚴也必須取消。

一九八四半年內，煤礦坑三次爆炸，總共有兩百七十名礦工遇難。更嚴重的是，情治首長派遣黑社會殺手到美國暗殺政敵。除了讓美國政界對國民黨政權的批評更為強烈，也讓國人對林宅血案有全新的理解：林義雄母親和雙生女兒的謀殺案，極可能也是情治單位所為。如果國民黨政權敢派遣黑社會分子到美國刺殺批評其領袖的人，那麼它殘殺受其監管的人民也不令人意外。然後是臺北市第十信用合作社為國民黨的立委蔡辰洲淘空，發生擠兌風暴被提領一百五十億。南邊的鄰居菲律賓，則鮮活地向國民黨展示繼續壓制民主要求的可能後果：獨裁者馬可仕被人民推翻，搭乘美國提供的飛機流亡到夏威夷。外交孤立、內政不修的情境下，民主妥協是蔣經國比較安全的選擇。

身為民主公民，我們必須在知識上對自己國家的發展有正確的理解。身為臺灣人，我們不能遺忘前人在那個困難時刻中的表現。那是民族記憶的重要元素。

2 營造民主的建材

歷史和歷史記憶非常不同。「欲對歷史有所瞭解，必須認知歷史的複雜性，必須在足夠距離之外從不同角度加以理解；也必須接受其曖昧性，包括其中人物的動機、以及行為的道德曖昧性。歷史記憶則是簡單化的歷史，以單一的、特定的視野來觀看事件；歷史記憶對任何曖昧性都無法容忍，它將事件濃縮成神話式的原型。」我書寫臺灣的歷史記憶，可是並不願將我書寫的事件描繪成神話，也無意將其中的人物塑造成英雄。在本書中我以社會科學的知識背景回顧這個事件，以遙遠的距離觀看其中的人物，希望能公平地給予他們應得的歷史評價。雖然我有幸經歷那個時代以及本書敘述的許多事件，我仍然對那個時代、那個事件、以及活躍於其中的人物，努力保持適當的距離。

從社會科學的知識背景來觀看，我們無法將臺灣的民主化歸因於單一因素，不論這個因素是民主運動者的道德信念和勇氣，還是一般民眾對民主運動的無私支持，或是蔣經國的務實態度，或是美國的影響，或是經濟發展帶來的有利條件等。我們還可以羅列其他許多因素，如中國鄧小平改革形成的壓力，菲律賓馬可仕政權崩潰的展示效果等。這是歷史的複雜性。沒有一個歷史事件是由單一因素所造成，尤其是如威權獨裁政權轉型為民主政體這種大規模的變動，影響很多人權力、名位和命運的變動。

本書只有一個焦點——臺灣人在某一歷史艱難時刻的表現，如何促成了臺灣的民主化，可是並不否認其他因素的重要作用。而且，如果將臺灣人的努力這項因素，放在社會科學的寬廣視野中，我們或許更能體會人為因素的重要性。以蓋房子來比喻。建造房子的是人，可是如果沒有鋼筋、水泥、木板、磚塊等建材，人無法打造民主。認知到這些建材的不可或缺，不會因而看輕自己的努力。或許剛好相反：將沒有生命的素材構築成民主大廈，反而讓人感到驕傲。

這些民主建材就是一般學者所稱的「結構性的因素」。以下我們翻閱過去的思想家和學者們，如何思考這個問題。

民主政治何以誕生，是社會科學祖師們最早關心的題目之一。對人道價值的關懷是社會科學的優良傳統。社會科學的主要目標之一，即是以實證研究來提升或實現這項關懷，或至少來理解人的現實處境。這個偉大傳統在社會科學萌芽時期就已經建立，此後一直持續不斷。社會科學家研究民主，因為民主和不民主的差別，不只在於人民有沒有權利選擇他們期待的政治領袖，不只在於政府的政策是不是符合人民的需求。民主和不民主更重要的差別在於，人民是不是能免於生活在恐懼、思想禁錮、軍警特務屠殺、以及戰爭的威脅之中。當人和同胞共同組成一個社會在其中生活，他是否能合理地思考和說話，是否能保有他的自尊，和所有的同胞、包括政治領袖平等地往來互動。民主的政治方式在許多人（尤其是浪漫的知識分子）看來，似乎很無趣、也很俗氣，特別是顯現在選舉過程中的世俗。可是政治領袖必須獲得人民的授權卻是民主最重要的原則。而且人類文明所崇尚的許多價值，如自由、平等和尊嚴，也是在民主政治中才能受到保障。社會科學的祖師們生活在極度荒謬的專制政治中，民主和不民主對他們而言是文明和野蠻的差別、理性和瘋狂的差別。具有人道關懷的祖師們很難不發問：民主是怎麼來的？我們如何達到達民主的彼岸？

孟德斯鳩是社會科學最早的奠基者之一。除了嘲弄法國專制社會荒謬性的《波斯書簡》，他最重要的著作是《法意》。以今天的語言來說，該書是政治體制和法律制度的比較性研究。其中影響後世的部分是，作者對行政、立法、司法三個權力間的關係之討論。孟德斯鳩曾經遊歷當時的民主聖地日內瓦和佛羅倫斯，最後抵達英國，一個和歐洲的絕對王權相較遠為民主的國家。該書出版的一七四八年，今天所定義的民主政體尚未出現。當時的法國在路易十四的強力統治下，不論是貴族或平民都同樣受到王權的極端壓制和欺凌。相較之下，英國人的權利和自由受到相當的保障。他認為，這是因為英國的行政權、立法權、和司法權分別由不同機構掌握的結果。可是，英國為何出現三權分立、互相制衡的體制，法國卻是君主專制？孟德斯鳩並沒有回答這個問題。因此，他的三權分立理論比較像是對現象的描述，而非因果解釋。然而他的觀察卻對後來美國憲法的設計產生重要的影響。

同樣是法國思想家的托克維爾，繼續了相同的傳統、相同的關懷。他的《美國的民主》（一八三五、一八四〇）主要在回答兩個方向相反的問題：美國社會、文化對民主政治提供什麼樣的基礎？美國的民主政治又對社會、文化造成什麼樣的影響？他提出這兩個問題，是在告訴當時的法國知識界：民主政治並不會如保守派所宣稱的，會帶來毀滅和無政府狀態；可是民主政治也非如民主的擁護者所設想的那麼完美。政治自由是「所有高尚道德的泉源」，它在美國能受到保障是許多政治因素（如地方分權、權力制衡、司法獨立等）及社會因素（如美國人的宗教信念、風俗習慣、民間社團的活躍等）交互作用的結果。這些分析使這本書成為政治社會學的經典著作，直到最近仍有社會科學的理論直接或間接從它得到啟示。雖然托克維爾的思想頗為豐富，也具有十足的原創性，不過他回答的問題是民主如何穩定生存，而非民主如何誕生。民主的誕生和存活顯然是不一樣的問題，受到不同因素的影響和決定。我們目前所關心的議題是民主的誕生。

對民主誕生的研究，其實到一九六〇年代才真正開始。前驅之一是哈佛大學的摩爾（Barrington Moore, Jr.）。他的《獨裁與民主的社會根源》一書試圖解釋，從農業社會到工業社會的現代化歷程中出現的三個主要道路：經由和平改革或革命的民主之路（如英國、法國、美國），法西斯獨裁之路（如德國和日本），以及共產主義的極權專制之路（如俄國和中國）。他認為這些不同國家的現代化路徑所出現的歧異，來自於農民、地主和新興的資產階級三個主要階級之間的不同關係。其中的決定性因素則是地主貴族階級的商業化動力。

英國因為商業化的農業生產（羊毛），而產生一個活力充沛又獨立自主的資產階級，也透過「圈地運動」摧毀了農民階級。沒落的貴族階級則因逐漸商業化而和資產階級有共同的利益。民主政治因為貴族階級讓出政治權力而逐漸成形。「沒有資產階級就沒有民主」，摩爾這樣宣稱。相較之下，德國資產階級和地主階級的力量則遠為薄弱。在工業化的過程中為了向農民榨取更多利潤，他們仰賴政治菁英的權力和武力，因而產生了法西斯政體。這樣的分析和先前孟德斯鳩的制度論，顯然差距甚遠。我們這個時代很少學者有類似的深厚功力和寬闊視野。他的其他著作如《反省人類悲慘的原因》、《不義：服從和反叛的社會基礎》，也都表現出上一代社會科學家強烈的人文關懷。

和摩爾相同時代、相同北美地區，另外有一批學者對民主化懷著高度興趣，然而卻有完全不同的視角。美國是冷戰時期自由陣營的領導人，它需要對其他國家的政治過程和發展有所瞭解。美國政府因此投入大筆經費資助社會科學家的研究。部分受到美國外交需要的影響，大多數的學者主要以開發中國家為研究對象，一般稱呼他們為現代化理論派。他們將經濟發展視為民主政治的先決條件。這個論點受到獨裁政權的歡迎，用它來抗拒民主改革的要求。本書稍後將會提到，臺灣威權時代中有許多學者根據這項理論告訴人民：先有經濟發展才有民主；臺灣之所以沒有民主，是因為經濟發展未達一定的水準。這個說法當然暗示著：國民黨之所以威權獨裁，不是因為蔣氏父子要獨裁，而是經濟還沒有發展。其明示的則是：不要追求民主改革、不要支持民主運動，而要耐心等待。

現代化理論派中最重要的學者是李普塞（Seymour M. Lipset）。他是第一位同時擔任過「美國社會學會」和「政治學會」會長的學者。具有如此崇高的學術地位，他很容易被誤為是蛋頭學者。事實上，他年輕的時候就參加美國共產黨的托派組織「青年社會主義聯盟」。在紐約市立大學念書的時候，成為該組織的全國主席。他一直到三十多歲都是社會主義者。李普塞畢生的研究其實都在回答三個和社會主義相關的重要問題：一、為什麼俄國的社會主義革命，竟然導致一個高度壓迫的政治體制？二、為什麼社會主義者無法成功地推動社會改革？三、為什麼美國沒有社會主義？他關於民主化的研究，就是在回答第一個問題。一個真誠的社會主義者很難不去瞭解：為什麼你所信奉的人道主義理念，竟會導致人類史上最殘暴的政權？這個問題和民主體制在什麼條件下可以出現，幾乎是同一個問題。

李普塞的論文〈民主的社會條件〉被廣泛引用並且成為典範，主導了後來的研究方向。這篇重要的作品指出，民主國家一般而言擁有較多的經濟財富，較高的工業化、都市化，以及較為普及的教育。這些經濟發展帶來的效應都有助於民主政治的產生。「教育擴充人的眼界，讓人瞭解容忍的必要，讓他免於皈依極端主義，同時也增強他理性投票的能力。」經濟發展所帶來的財富和安全，則讓人樂意接受漸進的改革主義，而免於共產主義和階級鬥爭的引誘。經濟發展所創造的「龐大中產階級能減低政治衝突，因為中產階級會獎勵溫和的政黨，懲罰極端的團體」。「經濟財富也會鞏固民主的規範。當社會中有足夠的財富……任何政黨執政都不影響個人的所得，人們比較能接受政黨輪替。」

任何人在六〇年代攤開地圖都可以輕易發現，民主國家確實集中於經濟發展較為良好的北美和西歐地區。這個理論看來似乎理所當然。可是經濟發展和民主政治的關係到底是什麼呢？經濟發展到底是民主的因，或者只是民主的果？或者雙方同時出現只是歷史的巧合，是其他因素共同造成的結果？這些問題一直到一九九〇年代都仍然為學者所熱烈討論及驗證。臺灣民主化似乎是這個理論的典範案例之一。

然而，和李普塞這篇論文的同一年代中，出現了一個完全對立的見解。杭亭頓（Samuel P. Huntington）在《變遷社會中的政治秩序》一書中說，經濟發展帶來的不是民主，反而是政治衰敗。現代化理論的基本假設，美國外交政策以經濟援助來促進民主發展的基本信念，不只都是錯誤而且違反事實。開發中國家的經濟發展，帶來快速的社會變遷和政治壓力，例如勞工階級快速出現而要求財富重分配。可是開發中國家政治體制的建立和成長遠為緩慢，無法立即吸收新的社會需求，將新出現的社會力量整合入政治體制和政治過程中，結果反而導致政治動亂和衰敗。這個理論雖然和現代化理論完全對立，卻同樣受到獨裁政權的歡迎。因為這個理論所描繪的景觀嚴厲地警告了民主運動者：民主化只會帶來混亂和衰敗。在臺灣的威權時期，杭亭頓成為國民黨政府非常歡迎的人物。

不久之後的七〇年代，北美社會科學界出現另一個通稱為依賴理論的潮流。該理論目標並非在解釋民主化，而是從國際政治經濟的視野，解釋開發中（主要是拉丁美洲）國家的經濟為何落後，政治為何威權獨裁。現代化理論認為，開發中國家當經濟有了發展，自然會走上民主之路。依賴理論卻認為，開發中國家的經濟不可能發展、政治也不可能民主。因為對核心國家的經濟依賴關係，造成開發中國家經濟結構的「扭曲」（二元經濟）：和核心國家接軌的現代部門，以及沒有接軌的傳統部門。這兩個現代和傳統部門沒有整合成單一的經濟體，結果是財富分配極度不均，整體經濟無法成長。

在依賴理論的著作中，和民主化議題比較相關的是歐多納（Guillermo A. O'Donnell）的《現代化與官僚威權主義》一書。該書指出：拉丁美洲國家的政治發展經驗和現代化理論的預期完全相反；經濟愈發達的國家，政治體制愈不民主、愈為威權獨裁。拉丁美洲的工業化在進口取代階段，一方面創造了一批現代的技術及官僚階層，另一方面也創造了大批的勞工階級。由於進口取代的經濟生產主要是勞力密集的輕工業，生產的產品是民生消費品，勞工在這個階段中也是受益者之一。而民族工業家和中產階級為了對抗地主階級，在政治上和勞工階層聯盟，其表現即是較民主的政治體制。然而隨著簡易的進口取代階段的過去，這些國家開始遵循「正統的」經濟發展策略，以資本密集產業帶動經濟成長，也開始產生所得分配不均的現象。勞工和中低收入者是受傷的階級。然而在前一階段中已經有過動員經驗和組織的勞工階級，無法接受經濟不平等。為了持續的經濟成長，這些國家的政府開始壓制勞工及中下階級的政治動員和參與。更嚴厲的威權政體於是出現。

該書出版之後，立即成為研究威權主義和民主轉型的重要著作。但是十多年後，被該書視為民主化無望的拉丁美洲國家，紛紛成功地轉型為民主國家。這些轉型的例證，不只讓悲觀的理論消失，也引起學者重新熱烈討論和檢驗現代化理論。

葡萄牙和希臘在一九七〇年代末期領先民主化，拉丁美洲、東歐、亞洲許多國家（包括臺灣）接著在八〇和九〇年代中也陸續走上民主之路。這個世界性的民主化浪潮，一般稱為「第三波」民主化。受到這波民主化浪潮洗禮的許多國家，如臺灣、南韓、西班牙等，在經濟發展上確實有可觀的成就。過去被左派學者嚴厲批判的「現代化理論」，也獲得政治學者的重新關注。其中最受注目的是敘沃斯基（Adam Przeworski）在一九九七年發表的論文〈現代化：理論與事實〉。他的研究團隊統計分析了一九五〇到九〇年一百三十五個國家的資料，發現：經濟發展程度和民主化並沒有相關性；不過，良好的經濟發展卻可以讓民主維持穩定而不崩潰。

然而其他學者用相同的資料、不同的研究設計，卻有不同的發現。敘沃斯基的研究以二分法將研究對象分為民主和不民主，可是如果不用二分法，而用民主、半民主、和威權獨裁的三分法，那麼結果顯示：經濟發展和民主確實沒有顯著相關，可是卻和「半民主」相關。也就是說，經濟發展比較容易讓一個國家離開威權獨裁，成為半開放的社會。也有其他的學者指出，如果將研究的時期拉長，從西歐民主化開始直到冷戰之後，那麼經濟發展確實和民主化有顯著的正相關。造成這項相關性的重要因素是階級政治；經濟發展讓所得分配較為平均，勞工階級也因此願意支持民主體制。而這正是李普塞的原始論點之一。

回顧過去三十年關於民主轉型的研究，也檢視過去三十年眾多民主化的案例，我們很難否認經濟發展對民主轉型的助益。經濟發展不一定會帶來民主政治，可是貧窮國家幾乎沒有民主轉型的例子。另一方面，經濟破產也常使獨裁政權崩潰，尤其是東歐共產政權；雖然崩潰之後只有部分國家轉型為民主政府。我們可以有信心地說：經濟發展、社會現代化，是民主轉型的重要背景因素或「遠因」。只是，這個遠因距離結果有多遠？兩者之間需要哪些其他因素的促成？

經濟發展和民主轉型的遙遠距離中，存在著各種類型的變數或因素。其中的重要因素之一是威權政權的類型：軍人政權（如拉丁美洲）、個人獨裁（臺灣、菲律賓等）、政黨宰制（東歐、墨西哥）。這三種類型的政權，其內部的權力分配不同，正當性的基礎不同，面對危機的方式也不同。它們崩潰或民主轉型的途徑因此也有異。東歐共產政權崩潰後部分國家的民主化，和拉丁美洲及亞洲國家的民主化歷程和推動因素，顯然都不一樣。正因為這些複雜性，我們直到今天都難以提出簡潔清楚的「民主化理論」。

經濟發展和民主化之間的不確定關係，正好顯示了社會科學理論解釋最大的限制。即使經濟發展百分百帶來民主政治，我們仍然可以問：兩者之間的因果關係是什麼？為何教育普及（人民有較豐富的知識、較理性的思考），獨裁體制就會崩潰、民主政治就會產生？或者：為何嚮往民主的中產階級出現，獨裁者就會放棄權力、實施民主制度？這類理論最大的缺失就是無法說明，它所列出的有利條件如何轉化為推動民主的動力。

要說明經濟和民主化之間的因果關係，非加入人的因素不可。

受到第三波民主化的刺激和啟發，有些關於民主轉型的研究確曾試圖在經濟發展和民主轉型的長遠距離中，加入人為作用的短程因素。其中最受注意的應該是敘密特（Philippe C. Schmitter）和歐多納的研究。他們以拉丁美洲的軍人政權為研究對象，指出民主轉型的重要歷程：面對危機，統治團體內部分裂成保守派和開明派，其中開明派和反對運動中的鴿派聯盟，雙方取得政治協約，共同促進了民主轉型。

以上理論的焦點是菁英之間的協約。這樣的轉型過程只適合描述軍人政權。有更多的民主轉型案例（特別是個人獨裁和政黨宰制兩個類型），其動力是大規模的群眾抗議和示威，東歐和菲律賓都是這樣的例子。軍人政權的統治團體之所以會分裂，是因為其統治團體中並非全為軍人，而是和文人共治。而且，如果社會夠安定、軍隊的利益獲得尊重和保護，除了位居國家元首的軍頭之外，其他軍人其實寧願回到營區裡面。在個人獨裁和政黨宰制的威權政體中，統治團體內部的分裂很少發生。部分臺灣學者對臺灣民主化的解釋，曾經引用這個理論。在他們的理論中，國民黨政權中曾經在美國讀書的都被歸為開明派，類似王昇負責安全和情治的人，則被歸為保守派。而民主運動中那些年輕的黨工則顯然是激進派，公職人員則是溫和派。除了這樣的歸類缺乏實證基礎，這個理論最困難的地方是回答：握有唯一決定權的蔣經國到底是開明派還是保守派？「四派論」雖然加入了人的因素在民主化過程中的作用，而且解釋的案例對象也局限於拉丁美洲的軍人政權，可是其中的人的因素，和我們希望強調的也有所不同。

以上政治學者對民主化的研究顯示兩個現象。第一個現象是，這些理論在解釋民主轉型為何發生的時候，幾乎都將其動力放在背景因素上，也都幾乎完全沒有解釋這些因素如何推動民主轉型。也就是說，人在歷史過程中的角色和作用完全消失不見。

部分政治學者確曾觀察到我們所強調的「人的作用」。一位研究東歐民族主義動員和共產政權解體的美國學者，觀察到：「在不確定的時刻中，政治菁英的基本價值理念確實決定了民主轉型會不會出現。」另一位研究拉丁美洲的學者柏蜜鷗（Nancy G. Bermeo）則更清楚地指出，「事實上，個人性的英雄行為可能才是關鍵；民主轉型過程的催化劑，不是什麼債務危機、什麼工業化危機，而是某些足為模範的個人開始嘗試衝破規範行為的界限。」然而，這些真正促成民主化的「故事」尚未被政治學者納入其解釋的視野中。

柏蜜鷗在《非常時代中的尋常百姓》一書中，批評了美國政治學者的民主化理論共同顯示的另一個現象：對民主轉型過程中公民積極參與的負面評價。她對這些理論詳細檢閱後指出，幾乎美國所有的主流民主化理論都認定，一般公民的政治參與對民主是一項威脅。其中最明顯的是上文所提及的杭亭頓的「政治衰敗論」。另外一個比較常被引用的理論是阿爾蒙（Gabriel A. Almond）的《公民文化》。該書認為，對民主最有利的政治態度是一般公民對政治既不冷漠，也不積極活躍。

如果一般公民在民主轉型過程中不是毫無角色，就是有負面貢獻，那麼到底是誰推動了民主轉型呢？政治菁英？甚至是獨裁者？我們知道，對民主轉型有利的背景因素，如經濟發展帶來的社會變遷、教育普及、和國際情勢等，不會自動轉化成推動民主的力量。這些背景因素不會讓獨裁政權自動放棄權力，讓民主體制自動出現。我們知道，大多數國家民主轉型的歷史並非如此。我們須要知道的是，哪些人、透過什麼樣的努力、付出什麼樣的代價，利用對民主有利的背景因素，推動了他們國家的民主化。回顧臺灣民主化的歷史，民族記憶須要的內容是：臺灣人在那個困難的時刻，如何面對獨裁威權和政治壓迫。討論這項人為因素，它的重要作用、它的內涵，它對民主轉型和民族認同的重要性，正是本書的主題。

3 民主胎動

一九七〇年代末期出現的新一波民主運動，屬於一個全新的世代。在國民黨的默許下，這個世代首次集結於《大學》雜誌，發出改革的聲音。然而新民主運動真正的胎動，卻是張俊宏參加臺北市議員選舉、康寧祥興辦《臺灣政論》，以及蘇慶黎出版《夏潮》。它們對臺灣未來有不同的想像，代表的都是臺灣民間的聲音。它們同時掙扎著出現，不只宣告新一波民主運動即將誕生，也讓後來的民主運動多采多姿。

一九五〇年代的自由中國組黨運動，是臺灣戰後第一波民主運動。其參與者中的本省人全都成長於日治時期、接受日式教育，部分成員甚至曾經參與反殖民運動。外省籍的成員則不但在中國誕生，也在中國成長。前者經歷殖民統治的生活屈辱、殖民政府的敵意、戰爭的匱乏，然後是國民黨新政權治理下的亂局和屠殺。後者則經歷對日抗戰及國共內戰的殘酷、顛沛流離和妻離子散。

新一代民主運動者的生命經驗則完全不同。他們若非在臺灣出生，就是在臺灣成長。他們成長的時代中戰爭已經過去，匱乏和流離失所也都不再。生活物質條件甚至堪稱優厚，因為當時全世界的經濟正處於二次大戰後的景氣和繁榮。「亞洲四小龍」拜冷戰之賜，得以將初級工業產品銷往規模巨大的美國市場。香港一個研究機構分析一百五十個新興國家過去五十年的經濟表現，其發現是：新興國家經濟得以成長唯一的因素就是出口，特別是工業產品的出口。巨大的美國市場對亞洲四小龍出口的開放，導致了這些國家經濟的快速成長。

出口對經濟成長的效果，在貧窮國家更為顯著。從一九五〇到二〇一〇的六十年間，以十年為一期做觀察，每一期經濟成長最快速的國家，五〇年代是奈及利亞和土耳其，六〇年代是臺灣和新加坡，七〇年代是馬來西亞和羅馬尼亞，八〇年代是埃及。這些國家有一個共通點：經濟起飛的起點都在貧窮階段，平均國民所得都不到三千五百美元。臺灣和這些國家都在很短時間內完成從貧窮到富裕的過程。經濟快速繁榮最顯著的政治效果，是為威權政府帶來相當程度的正當性。

因為經濟迅速成長，高等教育也快速擴充。軍公教家庭的子女因為擁有教育補貼，只要循規蹈矩都有機會接受高等教育。相較之下，農村及本省中低收入家庭小孩雖然非常不利，可是也非毫無機會。新一波民主運動的領袖中，有許多出生於鄉下終得以接受高等教育，如姚嘉文、林義雄、許信良、陳菊等。

在太平洋的另一邊，這個年代同樣是美國高等教育大規模擴充的時期。「大兵法案」提供退伍軍人免費的高等教育，對高教形成大量的需求。臺灣戰後出生的新世代，也拜美國高等教育快速擴充之賜，許多人得以獲得獎學金前往美國接受研究所教育。

在國民黨中央黨部默許下成立的《大學》雜誌，是這個新世代的首度集結。雜誌創設於一九七〇年，當時總編輯楊國樞三十七歲，社務委員沈君山三十七歲、丘宏達三十四歲、張紹文三十四歲、施啟揚三十六歲、郭正昭三十三歲、陳少廷三十六歲、陳鼓應三十五歲、劉福增三十五歲、張系國二十六歲、劉述先三十五歲、張玉法三十五歲、張俊宏三十二歲、許信良二十九歲。年齡最大的楊國樞和沈君山雖然在中國出生，其大學教育（臺灣大學）和成熟期卻都是在臺灣度過。其他更年輕的成員，則都是在政治安定、經濟起飛的時期成長，不少人甚至有機會到美國接受研究所教育。這些新世代中不乏黨政要員的子弟，如沈君山、楊國樞、丘宏達等，他們的父親都和國民黨有淵源。沈君山的父親沈宗瀚是康乃爾大學畢業的農業專家、曾任農復會主委，丘宏達父親是萬年立委，楊國樞的岳父李力柏曾任警備總部副總司令。

《大學》雜誌的出現和結束，都是獨裁政權內部矛盾的顯現。威權獨裁政治因為對言論的壓制，使得社會只有一種聲音，甚至沒有聲音。理當宣示社會多元利益、提供資訊給行政機構的國會，因為從不改選而且和臺灣本土社會毫無聯繫，因此完全失去表達社會多元利益的重要功能。戰後出現的知識界新世代，對獨裁政權也懷著重大的疏離感。結果是：威權政府只能依靠其見識不足、訓練不夠的公務員，在現代世界中盲目航行。國民黨中央黨部的高階領導人，之所以起意邀請知識界新世代聚會發表意見，也是因為發現無法仰賴公務員做決策。

一九七〇年夏天，時任青商會總會祕書長的張紹文偕同陳鼓應，和國民黨中央黨部第五組副主任鄭森棨聚餐。當時經營魚產公司的張紹文提及，臺灣主管漁業的政府機構產業知識太貧乏，花大錢接手日本商社急於脫手的遠洋鮪釣這項夕陽產業。鄭副主任回去後轉告了國民黨祕書長張寶樹，張寶樹於是請張紹文邀更多年輕的朋友見面會談。兩次會談之後，張紹文建議國民黨讓參與會談的知識界新世代辦雜誌，於是有《大學》雜誌的出現。

可是天下沒有白吃的午餐。你不可能要知識界提供意見，同時又為他們畫出紅線，只准他們在紅色圈內放言高論。《大學》雜誌後來和政權的衝突因此可以預見，雜誌解散也是必然的，問題只是以何種方式解散。

《大學》雜誌是新世代知識分子在統治者容許下的集結。雖然在言論上有所突破，卻不能算是民主運動的先聲。第二波民主運動的先聲，應該是張俊宏在一九七三年參選臺北市議員，以及《臺灣政論》的創刊。

張俊宏是《大學》雜誌社活躍的成員之一。他出生於南投，父親曾經擔任過南投鎮長。臺灣大學政治系、政治學研究所畢業後，張俊宏進入國民黨中央黨部工作。他在黨部工作期間成為《大學》雜誌的主要人物之一。一九七二年應邀到美國訪問途中，張俊宏首度接觸到關於臺灣獨立的出版品。他說，他關在房間裡面，連續讀了兩天兩夜。在這些著作的影響之下，他在他的選舉傳單中公開討論臺灣獨立的議題。張俊宏在傳單中說，一般所謂的臺獨可以有三種內涵。一是政治主權式的臺獨，不願受中共統治，與大陸分離而獨存。國民黨二十八年來的努力就是在支持這種臺獨。二是民權運動式的臺獨，臺灣民眾為爭取民權、提高政治發言地位，而做的溫和民權運動。這有什麼不可以？三是武裝革命式的臺獨，以武力奪取政權，以流血改造社會。張俊宏說，他如果贊成這種暴力革命，為何笨到參加選舉？這些論述是為了反擊國民黨對他的臺獨指控。他的反擊讓國民黨啞口無言。這應該是在國民黨統治下，第一次對臺獨議題的公開談論。

張俊宏選舉失敗兩年之後，康寧祥興辦《臺灣政論》，自任社長，邀請張俊宏當總編輯。雜誌的發行人是黃信介。黃信介大康寧祥十歲，在反對運動中也比康寧祥資深。二次大戰結束時黃信介十八歲，已經在日本讀完高中，後來返回臺灣進入地方行政專科學校（中興大學法商學院前身）就讀。吳三連於一九五一年選臺北市長的時候，他去當選舉義工。高玉樹在一九五七年選臺北市長，他成為核心助選員。吳和高都是雷震領導的自由中國組黨運動的積極參與者。（參見《自由的挫敗：臺灣第一波民主運動的故事》〔原《百年追求》卷二〕）。黃信介後來也常和省議會「黨外五虎將」之一的郭國基來往。他在一九六一年當選臺北市議員，一九六九年當選立法委員，成為終身職的萬年立委。

黃信介的歷史淵源甚至可以遠溯至日治時期的反殖民運動。「文化協會」的左翼領導人連溫卿是他母親的哥哥，所以他母親對政治迫害似乎更能泰然處之。當黃信介因美麗島事件被逮捕的時候，他母親說，「這是很平常的事。你舅舅也被日本政府關過七年。」

黃信介是資深前輩，可是在胎動時期成為矚目焦點的卻是康寧祥。直到美麗島事件發生，康寧祥都是民主運動中的耀眼明星。他的演說在當時獨樹一格，氣勢磅礴。美麗島事件前後好幾年，他是外國記者和美國外交官來臺灣必須請益的對象。他於一九七四年名列《時代雜誌》五百名「全球未來領袖」，儼然是臺灣民主運動的象徵和領袖，許多人也將他視為運動的領導人。可是他卻無意當領導人。最清楚顯示他無意領導民主運動的例子是，當國民黨政府在一九七八年因為和美國斷交而停止選舉，姚嘉文帶著黨外人士的共同聲明〈社會人士對延期選舉的聲明〉請康寧祥連署。康寧祥拒絕連署，並說已經印好自己的聲明〈康寧祥、王兆釧告同胞書〉。即使如此，因為康寧祥在當時實在太過耀眼，民間和運動參與者仍然對他深懷期待。對他的誤會和期待後來引發黨外新生代的「批康事件」。如果民主運動者能視康寧祥為盟友、而非領導人，後來的紛爭和衝突應該都可以避免。

領導力的特質或許天生，領導人的出現卻多為自身特意琢磨的結果。喬治・華盛頓在美國的開國元勛中，教育程度最低、知識也最貧乏，甚至不懂法文。可是正如《時代的驚奇》一書所言，華盛頓從青少年時期即不斷琢磨自己，後來更是特意將自己形塑成為革命的象徵、共和國的領袖。然而康寧祥似乎沒有成為領袖的動機，或至少沒有領導黨外運動的意願。

康寧祥小時候家裡在萬華開餅乾店。當時的萬華是中南部移民在臺北聚集的區域。就讀樹林初中的時候，他的音樂老師是〈安平追想曲〉的作者許石，歷史老師則是柏楊。樹林初中畢業後，因為沒有考上高中而進入延平補校。延平補校為朱昭陽所創立。朱昭陽畢業於東京帝國大學經濟系，曾在日本大藏省（經濟部）當文官，後被任命為群馬縣專賣局高崎分局長。日本殖民政府撤出臺灣之後，他回到臺灣，試圖實現日本留學生先前的承諾：在臺灣創辦一所好大學。副校長宋進英同樣畢業於東京帝國大學經濟系。創校董事包括林獻堂、蔡培火、林伯壽、杜聰明、吳三連、游彌堅等臺灣人領袖。然而教育是獨裁政權必須嚴格控管的領域，國民黨不可能容許這些統治團體外部的臺灣文化社會菁英擁有大學。大學辦不成，他們只好辦補校。延平補校當時的師資陣容非常堅強，黃得時是康寧祥的中文老師，英文課的暑假作業則是閱讀《但丁遊地獄》英文版。

延平畢業後，康寧祥考上省立法商學院（中興大學法商學院前身）。畢業後，他進入中油公司在加油站當工人。在中油工作七年之後，在一九六九年以所有的財產八萬五千元，投入臺北市議員的選舉並成功當選。任期結束之後，他參選也當選了立法委員，且一直連任到一九九〇年，期間因為美麗島事件之後的「批康事件」落選一次。他立法院的同仁、國民黨籍的萬年代表梁肅戎說，一般立委質詢蔣經國行政院長的時候，蔣院長根本就不上臺備詢。只有康寧祥質詢，蔣經國才上臺，給康很大的面子。

在黨外運動中，康寧祥是最早在政見發表會上公開談論臺灣的歷史和人物。日治時期的反殖民運動作家王詩琅，就住在他家隔壁。王是無政府主義「臺灣黑色青年聯盟」的成員，曾經入獄多次。他的書房正對著康家的廚房，中間僅有一米寬的小巷弄。康寧祥從小看他戴著深度眼鏡，手拿放大鏡讀書、寫作直到深夜。高中之後，王詩琅成為康寧祥理解臺灣史的啟蒙者。

康寧祥在競選演說中，將國民黨統治下所滅絕的臺灣歷史，重新注入臺灣人心中。他講述臺灣人在日治時期反抗殖民政府的故事和人物，讓黨外運動成為反殖民運動的傳承，被國民黨割斷的臺灣歷史也因此而重新連結。他的聽眾也從這些歷史故事中獲得了臺灣人的認同和尊嚴。反日本殖民運動的參與者葉榮鐘、巫永福等人因此主動和他結交，並提供他許多臺灣歷史的資料和親身的見聞。許多臺灣人前輩對康寧祥充滿期待。

康寧祥在一九七五年八月創立《臺灣政論》，自任社長，發行人是黃信介，總編輯為張俊宏。創刊號出版三天後立即再版，可見受歡迎的程度。雖然只能在紙上說話，《臺灣政論》的層次卻已經超越先前的《自由中國》。《自由中國》的言論多為在民主憲政的架構下，爭取言論、集會和組黨的自由和權利。《臺灣政論》則直接碰觸國民黨威權統治的核心。康寧祥在創刊號的第一篇文章中指出，「全北市警察局有六十四個派出所，六十四個派出所的主管，只有三個主管是臺灣人。這是不是在告訴所有中國人，不是國民黨員就沒有權利享受公開平等的政治機會？」直接指向國民黨政權對臺灣人的政治歧視。

張俊宏在第二篇文章中說，「自從聯合國撤退後，海外關心臺灣的中外學人、留學生討論臺灣未來前途的可說與日俱增、喧騰擾攘、凌亂分歧不堪，有人主張臺灣乃中國的一省……有人主張臺灣應該從此脫離中國大陸，獨立為國……有人主張臺灣成為中共的高度自治區……當然也有人主張大陸乃是中華民國領土不可分割的一部分……解救水深火熱的大陸同胞重建新中國乃是我們無可替代的天職。當海外鑼鼓喧天地妄談國事……對於事關我們切身存亡榮辱的大事，我們居然能沉得住氣地默然不語處變不驚？」作者委婉卻清楚地控訴：關於臺灣未來的重大事務，臺灣的國民竟然被禁止討論。

第二期姚嘉文的文章指出：高普考以全中國為規模分配錄取的省籍配額，造成外省籍考生錄取的比例高達本省籍考生的兩百倍。這篇文章以實際資料顯示高普考對本省人的極端不公平，逼得當時的行政院長蔣經國親自出面說明。考選部也回應，為了同時滿足憲法的規定以及現實情況，早些年已經在地方考試中對臺灣省籍的考生加倍錄取。姚嘉文在第三期中，繼續根據實際資料指出，雖然加倍錄取，仍然對臺灣省籍的考生不公平。

除了這些明白挑戰當時政治禁忌的文章，雜誌也開始介紹反日本殖民運動的領導者，包括蔡惠如、林幼春、蔣渭水。這些文章和論述，都清楚地顯示一個相同的立場：臺灣的本土認同。

雖然每篇文章都小心翼翼，雜誌仍然在第五期出刊後被國民黨政府查禁。雜誌和選舉都是威權獨裁政權的難題。兩者都有助於維持獨裁政權的民主形象，獨裁政權無法也不會完全加以禁止，可是卻也不能完全放任，否則將成為獨裁威權崩潰的缺口。因此，選舉和雜誌都必須置於可操控的範圍內：競選活動必須受嚴格限制，必要時更改選舉結果。對雜誌的控制則相對單純，直接停刊或查禁。

國民黨將《臺灣政論》停刊的理由是第五期刊登的一篇文章〈兩種心向：和傅聰、柳教授一夕談〉，作者是在澳洲昆士蘭大學執教的邱垂亮。傅聰是國際知名的中國流亡鋼琴家。他對共產黨固然深惡痛絕，對國民黨也沒有好感。「淪陷前的國民黨專制腐敗，太多的國民黨員騎在人民頭上只想當皇帝。現在，國民黨在臺灣……不能誠心誠意地努力建設一個真正開放的民主社會，讓人民真正自由平等地發揮他們無窮無盡的才能。」柳教授則是年輕時候跟著國民黨逃難到臺灣，後來去美國讀書和教書，之後跟隨潮流成為毛澤東的信徒，共產黨統治下的中國在他眼中簡直是天堂。柳教授認為，「臺灣人民要想『當家作主』只有兩條路可走。第一是臺灣人民武裝起義推翻國民黨的獨裁政權，第二是臺灣人民團結起來奮鬥爭取早日和『祖國』和平統一。」

這篇文章筆調感性溫和，對國民黨毫無謾罵。作者說柳教授許多言論「幼稚可笑」，而且顯然不同意臺灣人民只有他提的兩條路可走。可是光對這兩條路的引述，就已經超越國民黨可以容忍的範圍。過去對國民黨的批評，從《自由中國》到《大學》雜誌都是以接受國民黨統治為前提，提出興革的意見。這篇文章所描述的兩種「心向」，卻是超越了先前政論的範圍，將國民黨視為不須要存在、也不值得存在的勢力。曾經為共產黨所逼而跟隨國民黨逃難的人，卻將國民黨視為臺灣人民的敵人，甚至是歷史的殘渣。有良心的藝術家則對國民黨政權充滿鄙視，「去臺灣開音樂會的話，國民黨一定會……利用他來大喊嘶叫了二十多年的反共口號，除了引起一些可笑的尷尬外，他不知道即將含有多少意義。」於是《臺灣政論》被處罰停刊一年，時為一九七五年十二月。一年之後吊銷出版執照。

雜誌遭停刊不久，副總編輯黃華也被逮捕；另一位副總編輯張金策在宜蘭礁溪鄉長任內被控貪汙判刑半年，休職上訴期間到雜誌社工作。雜誌停刊後，他從半年刑期被改判成十年。黃華進雜誌社的時候剛出獄不久。他在一九六三年領取基隆市議員的參選表格，因為之前曾經組織「中國自由黨」，還來不及登記就被以流氓名義送到小琉球管訓兩年。回到臺灣之後，又組織「全國青年團結促進會」在一九六八年被逮捕，判處徒刑十年。雜誌社成立那年的七月才從綠島歸來。

經過黃信介的介紹，黃華除了幫忙經銷《臺灣政論》之外，從雜誌的第二期開始投稿。他在第二期寫了〈減刑人談國事〉、第三期〈減刑人的信心〉、第四期〈相忍為國之道〉、第五期〈團結之道〉。這些文章以當時的言論尺度來看並不算激烈，多為討論民主的基本觀念、期待實行民主的訴求。黃華在第五期受聘為雜誌的副總編輯。雜誌被停刊之後，他和總編輯張俊宏到西門町賣天婦羅。店的牆上貼著許信良所題鼓勵落難英雄的文字，週日陳鼓應全家來幫忙洗碗。他們開的「相見小吃店」立即成為大學生朝聖的地方，也成為國外媒體的焦點。

不過，文人做生意虧本難免。創業所需基金是張俊宏夫人許榮淑以房子抵押向銀行借貸的三十萬，結束營業的時候負債四十多萬。許榮淑說，當時七十三萬可以買兩棟房子，所以她哭得很傷心。為了還債，許榮淑只好去做買賣字畫、珠寶、衣服的生意。後來張俊宏在南投競選省議員，許榮淑背著裝滿傳單的背包，和兩三位助選員跟在張俊宏後面發傳單。有一次在竹山，張俊宏在臺上演講，許榮淑累得坐在地上就睡著了。她在美麗島大審的年底，當選立法委員，之後連續當選了三任。一九九六年又連續當了三任立法委員。不過她在二〇〇九年因為親中而被民進黨開除黨籍。

雜誌停刊數個月之後，黃華第三次被逮捕，判刑十年。他的判決書說他在《臺灣政論》所寫的文章「詆譭政府施政，離間民眾向心，暴露叛國意識」。又說他企圖武裝顛覆政府：「謀糾和曾犯叛亂罪之新生分子等人，先行成立『參謀本部』，擬定作戰計畫，內容包括：編定人員名冊，發動時挨戶強迫徵兵，分頭在臺北近郊，中壢一帶、臺中、高雄等地劫營發動兵變等方式，以達其顛覆政府之叛國目的。」

《臺灣政論》停刊後，另一個和「本土認同」完全對立的聲音《夏潮》雜誌，也出現在反國民黨政權的領域中。《夏潮》雜誌出刊後，民主運動就開始多采：不但有提倡民主和人權的聲音，也有了同情中下階級的左派；不但有對獨立臺灣的想像，也有了和中國統一的期待。左右、統獨，互相對立的政治立場同時出現在民主運動中。

《夏潮》雜誌的靈魂人物，是帶有傳奇色彩的蘇慶黎。她的父親蘇新是臺灣共產黨的領導人之一，曾經被日本殖民政府監禁十二年。二二八之後全家逃往上海，後來母女回臺灣，從此和父親永遠分離。當時蘇慶黎才一歲。因為母親是全職護士，蘇慶黎從小寄養在姨媽家裡。姨丈是京都大學畢業的醫師，夫妻都受當時知識界主流的左派思潮影響，從小教導蘇慶黎同情不幸的窮苦同胞。蘇慶黎耳濡目染，很早就即閱讀舊俄時代和中國三〇年代的文學作品。

《臺灣政論》被停刊次年的一九七六，蘇慶黎接辦了《夏潮》雜誌。雜誌集合了主張和中國統一的臺灣知識分子和文人，包括陳映真、陳鼓應、王曉波、唐文標、王杏慶、王拓、王津平等人，當時蘇慶黎三十歲。

在蘇慶黎主持下，《夏潮》雜誌深入介紹了多位日本殖民時期的臺灣作家，包括呂赫若、賴和、楊逵、吳濁流、吳新榮、張深切、張文環等人。大多數的資料都為李南衡所提供。李南衡多年來在沒有任何機構和學術單位的支援下，獨力收集許多日治時代作家的作品和生平資料，後來還自費出版《日據下臺灣新文學》全集。除了日治時代的文學，《夏潮》也刊登了王詩琅的〈臺灣抗日運動新探討〉，黃師樵的〈臺灣農民運動史〉、〈日據時代臺灣工人運動史〉、〈日據時代臺灣民眾黨〉。

然而最能表現《夏潮》特色的，應該是其典型的左派意識形態和主張統一的立場。

〈美國參與越戰的四大錯誤〉這篇文章如此攻擊民主政治：「政府是執行大資本家意願的機構，議會是百萬富翁的俱樂部」，「大資本家成為人民之主，控制著美國的新聞、出版、電視、電臺，壟斷民意，操縱美國政策的意向。」結論是，「亞洲人民不需要西方式民主。」不過，這類文章並不多。比較引人注意的是對臺灣本土認同的攻擊。

基督教長老教會總會於一九七七年八月發表〈人權宣言〉。基督教會因為公義信仰、殉道傳統、以及深入的組織，經常成為反抗運動的盟友，獨裁政權和政治壓迫的敵人。最顯著的例子是波蘭和菲律賓的天主教會，在推翻共產黨和馬可仕政權上所起的作用。美國南方的教會在黑人民權運動上，也扮演重要的角色，其民運領導者金恩本身就是牧師。臺灣長老教會對政治的涉入，雖然不若這些國家的教會，卻也保有國民黨無法控制的獨立性。英國傳教士於一八六五年抵達臺灣建立教會，在臺灣發展已經超過一百年。該年長老教會在臺灣有一千間教會，信徒超過十六萬，雖然教會內部有親國民黨的勢力，可是主流一直獨立於國民黨之外，是國民黨政權無法控制的社會力量。

早在一九七一年臺灣被逐出聯合國之後，長老教會即發表〈對國是的聲明與建議〉，主張「人民有權決定自己的命運」，「於全國統一之前，能在自由地區做中央民意代表全面改選。」這個聲明觸怒了國民黨。一九七五年，國民黨政府侵入聖經公會，沒收一千六百多本臺語聖經，雙方的緊張關係急速升高。同年年底長老教會發表〈我們的呼籲〉：「唯有我們自己的人民，才有權利決定自己的命運」，「徹底實施憲法，革新政治，才能建立符合民主精神的政府。」

一九七七年發表的〈人權宣言──致美國卡特總統〉是第三個聲明，它的層次超越了前兩個聲明：「面臨中共企圖併吞臺灣之際，基於我們的信仰及聯合國人權宣言，我們堅決主張：『臺灣的將來應由臺灣一千七百萬住民決定。』……為達成臺灣人民獨立及自由的願望，我們促請政府於此國際情勢危急之際，面對現實，採取有效措施，使臺灣成為一個新而獨立的國家。」

面對如此鮮明的臺灣獨立主張，《夏潮》雜誌十月號刊出〈從致卡特總統的一封怪信談起〉：「在帝國主義陰謀家結合臺灣少數喪心病狂之徒所煽動的什麼『臺灣獨立』野心下，成為中國的雙重賣國者──『漢奸』與『臺奸』……基督教長老教會現在是被一群帝國主義牽著鼻子的人在領導著。他們為了私人利益，便違背了國家民族更大的公利，而倡言著什麼臺灣獨立……由長老教會不斷的發展過程所顯示出來的本質，在臺灣緊要關頭出賣臺灣，應是不會使人驚訝的。」次一期又刊出語氣比較溫和的〈臺灣教會須要改革〉：「教會應該藉著神的愛……關心臺灣的社會，從而關心全體的中國……教會應有貢獻於中國的民族獨立運動，不與帝國主義與民族分離運動相結拖。」

雖然對長老教會的臺灣本位立場嚴厲批判，後來當新一波民主運動興起，雜誌採取非常友善的態度。從一九七八年三月開始，雜誌以極大篇幅訪問了康寧祥、蘇南成、康水木、林義雄、黃順興、余登發、張德銘等人。其中部分人（王拓、陳鼓應）甚至投入選舉，成為民主運動和黨外政團的一部分。

在《夏潮》雜誌的知識分子群當中，蘇慶黎是少數主張積極介入社會的人。雜誌開辦之初曾試圖向美國的保衛釣魚臺運動團體募款，得到的回覆是：「中國很快就會解放臺灣，你們何必搞這些？」蘇慶黎非常反對這種態度。所有曾經接觸過蘇慶黎的人，必然都對她的行動力和熱情印象深刻。她一直和黨外人士保持非常親近和友好的關係，也積極參與黨外的活動，包括在一九七八年黨外氣勢如虹的選舉助選團工作，在高雄橋頭打破戒嚴禁忌的示威抗議遊行，也參加了高雄事件。美麗島人士在事件後的第三天，舉行記者會對外界發表〈備忘錄〉及〈告全國同胞書〉。蘇慶黎在記者會上朗讀「鄭重聲明」：「要求情治機構共同和平冷靜來對待人民強烈要求民主與人權潮流……更望當局不可基於情緒與不實情報，做錯誤之處理，以免為中共所利用，並防止部分情治人員利用事件做為軍事統治的藉口。」蘇慶黎是美麗島事件中極少數沒有被起訴的人。當所有的同志都在監牢裡面，她在監牢外面和袁嬿嬿每年為他們的小孩舉辦夏令營。

她從不願失去任何說服對方的機會；面對主張臺獨的青年學生，她永遠耐性地、語氣平和地說明臺灣和中國統一的好處。你可以不同意她的立場，卻無法不欽佩她對運動和信仰的熱情。

臺灣開放探親之前，蘇慶黎一位朋友到北京順便探望了她的父親蘇新。因為曾經坐過日本人的牢而生還，蘇新在文革期間成為「變節」的「叛徒」，被下放到河南種菜七年。蘇新託這位朋友帶回臺灣給女兒的話是，「早革命不如晚革命，晚革命不如不革命，不革命不如反革命。」唐香燕在《時光悠悠美麗島》一書中提到，蘇慶黎聽到這句話之後哭了。這實在是人類常有的處境：我們奉獻一生的理想，卻經常只為人類帶來巨大的苦難。

米蘭．昆德拉在《笑忘書》中說，一九六八年反共產黨統治的「布拉格之春」，是一整代人集體起來反抗自己的青春。然而更多更多的人，連反抗自己青春的機會都被剝奪。他們將如何看待自己的青春？自己的一生？如今，蘇慶黎和父親都暫時安息在北京八寶山革命公墓，環繞四周的是殘害人民的共產黨統治菁英，以及為其提供服務的學術、文化界人士。她的骨灰將來或許可以回到臺灣，雖然不是她嚮往的祖國，卻是讓她才智得以發揮、生命因而豐富的地方。

《臺灣政論》停刊、《夏潮》創刊後不久，隨著一九七七年的縣市長和省議員選舉，新一波的民主運動終於正式誕生。承受誕生陣痛的一方，卻是國民黨政權。

4 民主運動誕生

中壢暴動是一個意外，沒有人預料它會發生。一九四七年以來的三十年間，臺灣人民非常恭順。批評獨裁體制的聲音雖然從不間斷，可是大致溫和而自制；集體的武力抗議行動更是前所未聞。可是它竟然發生了。發生之後，臺灣的政治氣氛完全改變，民主運動增加了「行動」這項劇碼，也變得理直氣壯。也因此有後來的美麗島事件，以及伴隨而來的大逮捕、大審判，人民的繼續堅持，最後是臺灣的民主化。

中壢暴動除了讓反對者變得理直氣壯，也直接導致全臺灣十三位反對者進入省議會。烘焙暴動的許信良同時當選桃園縣長，新一波的民主運動正式誕生。

中壢暴動的發生是威權獨裁兩個本質性矛盾相加的結果。第一個矛盾是，威權政府為了統治的正當性必須舉辦選舉，可是為了政權的生存又必須防止人民做出真正的選擇，或者用舞弊來更改人民的選擇。共產政權有馬克思主義保護，不須要舉辦充當「資產階級民主櫥窗」的選舉。可是威權政府卻需要它來顯示統治的正當性，在選舉中舞弊以維持政權的生存乃成必要。選舉舞弊導致的大規模抗議，經常成為威權體制衰微、甚至崩潰的缺口。這是威權體制先天的困境。

正如一位美國政治學者所說，「選舉的威權政權鋪設一個幻覺和矛盾組成的賽局。表面上它們讓人民發出聲音，私底下它們保留扭曲人民意志的能力。它們的統治基礎是一個騙局。它們在舞臺上大玩民主遊戲，在後臺則使用威權工具來詐騙。威權政權控制選舉以保證政府輕鬆贏得勝利，可是它永遠無法避免過度操縱帶來的災難，過度舞弊可能造成的反效果。」另一位政治學者說，「為了彌補人民支持的赤字，獨裁政權必須對選舉加以操控。可是如果作帳太過火，人民將會背棄政府。」

威權獨裁體制的第二個矛盾是，政治人才的甄補和引用缺乏自由競爭的機制。獨裁政權為了生存和穩定，必須嚴格控管政治人才的引用。獨裁政權中人才的上升和淘汰，由每一層上級的賞識和選擇所決定，也因此經常充滿了統治團體的第二代成員。這導致統治團體具有高度的同質性，幾乎是由同一模子所生產。直到今天，國民黨第一代的統治菁英、以及在臺灣成長的第二代幾乎已全數凋零，而且也經過三次政黨輪替，國民黨菁英的背景和風格仍然高度類似。相較之下，民進黨的菁英階層就遠為多元，活力十足。在威權體制的人事框架下，具有活力、想像力、和抱負的人或者不受重用，或者無法長久容忍被忽視，他們的叛離是常見的結果。

第一代的社會科學家義大利的帕雷托（Vilfredo Pareto），用統治菁英的組成和流動來解釋政權的崩潰和革命。他的「菁英循環論」認為，政權要維持長久不墜必須不斷從統治團體外部引進新的異類成員。後來有人用這個理論視野，解釋中世紀教會對歐洲社會的數百年宰制；因為教士沒有親屬後代可以繼承，所以必須不斷從外面社會吸收優秀分子進入教會。這讓教會的成員永遠在更新、也永續不斷在循環。

許信良就是無法容忍威權體制人事晉用規則的人。農家出身的他於一九六七年在「中山獎學金」的資助下，到英國愛丁堡大學讀書兩年。中山獎學金是國民黨栽培下一代統治團體成員的重要工具。威權時期的國民黨占據甚多國家財產、也擁有甚多特許事業，其財富足以提供獎學金栽培第二代到國外留學，如張京育、邵玉銘、關中、趙守博、胡志強、沈呂巡、詹火生、胡定吾、馮滬祥、馬英九、張顯耀、龐建國、金溥聰等。這些人都成為統治團體的第二代成員。許信良是一個有趣的例外。

許信良是桃園中壢的客家人。他從政治大學政治系畢業後，考進該校政治學研究所，後來獲得中山獎學金到英國愛丁堡大學讀哲學系。回國後進入國民黨中央黨部工作。和張俊宏一樣，他在中央黨部工作期間積極參與《大學》雜誌。他在一九七二年為國民黨提名，競選桃園縣省議員，以最高票當選。四年之後他期待更上層樓，競選桃園縣長。如果說張俊宏是黨外的理論家，許信良後來則成為黨外的策略家。

許信良是新一波民主運動的前鋒，也是新型反對運動人物的典型。他或許最早看出選舉對民主運動和民主化的重要性。「即使不能當選也要選。就像毛澤東打游擊一樣，你總要開始結合民眾。」除了自己參與選舉，他也到處鼓勵別人參與選舉，甚至曾經鼓勵楊國樞參加立委選舉。楊國樞是一個學者型的人物，曾經擔任《大學》雜誌總編輯，後來當選中央研究院院士，並且擔任中研院的副院長。連這樣的學者，許信良都認為應該參與選舉。鼓勵楊國樞沒有成功，許信良很遺憾。因為他認為學者再怎麼參與運動，還是有局限。「如果不把政治當成事業，很難成為一個重要時代的領導者。」後來臺大哲學系的陳鼓應出來選舉，也是受到許信良的鼓勵。由此可看出許信良異於一般人的見識。

許信良不只很早就看出選舉的重要性，也自命要建立一個和傳統黨外不一樣的民主運動。他認為之前的黨外運動都只訴諸臺灣人意識，因此只能代表少數人。他對這些黨外運動的前輩並沒有太大的寄望。他們演講或許講得很好，可是沒有內容。他認為新一代的運動領導人，應該重視政策、運動者的專業知識和組織。他期待建立一個全新的反對運動，而非延續傳統的黨外運動。一方面體認到選舉的重要性，另一方面或許也基於這樣的動機，他和張俊宏合力鼓勵了蘇南成、邱連輝、林義雄、周滄淵等人參與一九七七年的省議員和縣市長選舉。

威權獨裁體制所形成的恭順文化和菁英選擇模式，必然和具有企圖心、希望開拓新局的成員產生衝突。許信良正是這樣的成員。而當這樣的成員進入選舉場域，威權統治團體中的保守成員必然無法與其匹敵。在威權體制中，政治生涯的爬升由上級所決定，而非個人的創新和開拓，獨裁政權的保守模子所生產的成員大多謹慎、恭順而缺乏想像力。他們或者沒有熱情、或者無法讓人感到其熱情，他們很難獲得選民熱情的支持。

許信良的桃園縣長選戰，充分顯示了這點。國民黨所提的人選，氣質上非常傳統，素質上更是無法和他相比。同時間參選省議員的十多位民主運動人士，同樣顯示了和國民黨傳統人物在氣質和素質的差異。不論在競選過程中或者進入省議會之後，他們都成為公眾關注的焦點。其他將近五十位謹慎恭順的國民黨籍省議員，沒有人知道他們是誰、在省議會說了什麼。

許信良和國民黨傳統的政治人物非常不同。他穿高領套頭毛衣、繫寬大的牛仔皮帶、腳穿短筒馬靴。更迷人的是，他樂於和青年學生討論政治，分享他的見解，經常直到深夜或天亮才解散。談的當然不是反共八股或三民主義，而是他在歐洲所見所聞，他對臺灣現實政治的分析。這些都是當時的青年學生無法從媒體和課堂獲得的知識和視野。

老舊國民黨的傳統人物，在選舉中必然輸給這位叛黨的新型人物。不過選舉失敗事小，更重要的是這場選舉導致二二八事變以來從沒有過的大規模群眾抗議，也促成了民主運動的開端和士氣的提升。這一切都源於威權體制這兩個內在矛盾的共同作用。

許信良在省議員任期即將結束前出版《風雨之聲》，立刻成為臺灣最知名的政治人物之一。該書的四分之三都是他在省議會的質詢稿，沒有經過剪裁編輯，讀來十分無趣。不過前面的四分之一卻顯示了新一代政治人物的不同凡響。《風雨之聲》書名來自沈葆楨的故事。沈擔任兩江總督的時候，未經朝廷同意就開啟米倉救濟災民。朝廷下詔責備，他回答說：「臣朝奉雷霆之詔，自省愆尤，然夜聞風雨之聲，難安席枕。」許信良用這個吸引人的故事宣示他心懷人民，願意為了人民的福祉得罪當道。

全書三百多頁中最為成功的文宣是「議員類型」這一章，只有七頁。許信良將他的省議會同事分為幾個類型：世家（不認真接觸民眾、也不認真當議員、只為為了維護家族聲譽），財閥（求名的動機多於求利），公教人員（敬業、發言謹慎、比較具有理想性），職業政客（議員的絕大多數、勤於接觸選民、習於妥協、喜歡權力）。這樣的論述今天看來平淡無奇，當時卻掀起大波。省議會通過由七位省議員連署的決議文譴責許信良，說他的書「標榜自己、毀謗同仁」。這個決議文加上在議場上當面對許信良的語言攻擊，引起媒體廣大的注意。《自立晚報》、《聯合報》、《中國時報》都以社論和評論討論了這本書。除了書大賣，許信良也成為知名的政治人物，競選縣長是順理成章的下一步。尚未宣布競選，宣傳戰就已經發動。這是一個創新的選戰模式。

四個月後，國民黨提名出身調查局的歐憲瑜為桃園縣長候選人，許信良違反黨紀競選。他後來說，當時理性估算預期不會贏。但是他選縣長不是為了當桃園縣長，「而是向國民黨挑戰，開始我一生真正的政治事業。當時我已經清楚知道，臺灣社會有挑戰國民黨的強大力量，只是沒有人去組織它，領導它。」

許信良選戰的組織和動員由他在當地的同學、朋友和親戚負責。桃園縣有三百六十九個投票所，每一個投票所需要三人監票，許信良的親友招募動員了將近千人的監票部隊。競選文宣則由仍在政大公共行政研究所就讀的林正杰、國立藝專畢業的張富忠，率領幾位年輕人負責，包括林正杰東海大學的同學范巽綠等。他們製作的選舉文宣有別於傳統黨外，將整個桃園縣炒得幾乎沸騰。

林正杰是黨外運動中極少數的外省第二代。他父親在情報局工作，當時被派到中國從事地下活動，多年失去音訊。東海大學政治系畢業後，他進入政治大學公共行政研究所，認識了當時在圖書館工作的陳菊，於是和許多認識陳菊的學生一樣成為「黨外學生」。林正杰思想敏銳、能言善道，熱情而富行動力，立即成為黨外新生代的耀眼明星。他出版的《前進週刊》是黨外雜誌週刊化的前鋒。他在一九八一年研究所畢業後，立即當選臺北市議員，和陳水扁、謝長廷並稱「黨外三劍客」。後來由於民族認同和民進黨不同調，逐漸脫離民進黨。

選舉過後，林正杰和張富忠合寫出版《選舉萬歲》，詳細記載了整個選戰過程；這是國民黨第一次受到強烈挑戰的實錄。他們印了一萬本，卻在印刷廠被國民黨政府沒收，只搶回兩百本。不過該書在地下書市廣為流傳，尤其是海外的臺灣人社區，幾乎每個家庭必備。該書在黑市的行情賣到一本一千元，我當時在東海大學當助教，月薪四千多元。書在海內外暢銷，兩位作者卻未能從中獲利；軍眷子弟的林正杰，原本希望這本書賺的錢可以為家人買一棟房子，可惜未能如願。《選舉萬歲》點燃了海內外臺灣人的政治熱情，也揭露了選舉所潛藏的巨大力量，是新一波民主運動的號角。

身為主帥的許信良清楚知道他在做什麼。競選初期他發表「此心長為中國國民黨員」，指出「吾黨之銳氣已失，念前賢而思齊，是以殫精竭慮，大聲疾呼，不意謗毀隨生，責難紛來。感坐而言之少補，欲起而行……奈吾黨地方負責幹部私心自用，賄賂公行……未獲提名而不改初衷，寧遭開除而不易其志者，蓋不忍見開國仁人義士之血淚灌溉之志業，淪為今日不肖黨工之工具」。他在競選期間的言論，也都遵循此種非「黨外」的中間路線：脫黨競選是為了拯救國民黨的黨魂。

選舉結果，許信良以二十二萬多票打敗對手的十三多萬票。對臺灣民主化更重要的是，在開票當天因為選舉舞弊而發生的中壢暴動事件。當天早上在中壢國小的投票所，牙醫師邱奕彬聲稱目擊投票所主任、中壢國小校長范姜新林，將兩位年長選民投給許信良的選票抹汙，造成廢票。檢察官廖宏明獲報後將兩位選民移送警局，反而讓被指控舞弊的投票所主任繼續在場執勤。消息傳出之後，該投票所為陸續聚集的憤怒民眾所包圍，警方只好將透票所主任帶至中壢分局保護。民眾於是開始包圍中壢分局。其他投票所開票作業舞弊的消息，也不斷傳出。下午三點多，民眾開始攻擊警察局，檢察官則帶領投票所主任從後門離開。傍晚之後，附近警車、鎮暴車、憲兵車相繼被憤怒的民眾翻倒、放火燃燒，部分民眾進入警察分局搗毀家具。

根據省政府警務處長孔令晟的報告，當天警察輕重傷共二十二人，遭焚毀車輛十六部，消防分隊辦公室、警察分局禮堂、派出所、五幢宿舍全毀。這個群眾抗議事件的破壞性，遠大於後來的高雄事件。所以，國民黨內極少數良心之一的陶百川監察委員寫信問蔣經國，為何中壢事件的肇事者以一般司法處理，高雄事件卻是以叛亂罪起訴黨外人士？蔣經國當然沒有回答。

出面檢舉舞弊行為、終釀成暴動的牙醫師邱奕彬，後來被國民黨政權趁高雄事件之便加以報復。雖然他沒有去高雄，還是被逮捕。他在監獄裡關了兩個月，不斷接受偵訊，一度咬斷舌頭，試圖自殺。國民黨政權將他送醫治療後，將這位可能給政權帶來更大困擾的牙醫師放了出來。

中壢暴動事件對國民黨政權揮出強力的一擊。自從一九四七年的二二八事件以來，臺灣社會一向非常安定，國民黨政權也顯得非常巨大、不可侵犯、無法動搖。沒有人敢集結挑戰它。如今，群眾不只集結，而且攻擊武力統治象徵的警察。不只燒掉數十部車子（包括數輛鎮暴車），也燒掉了警察局。國民黨不可侵犯的威武形象徹底瓦解。此後，民主運動者的行動變得更為大膽，來自政權的壓力當然也更為巨大。

所有的獨裁政權遲早要面臨相同的情況：累積數十年、甚至數百年的哀怨和屈辱，在某一個沒有人預料的時刻，因為某一個微小的意外事件而爆發，甚至導致政權的崩潰。遠的如法國大革命，近的如二十世紀後期的捷克、匈牙利和羅馬尼亞。捷克共產黨官方所支持的外圍青年團體在一九八九年十一月十七日國際青年節，號召民眾至公墓參加因反納粹而遭處死的九位大學生的五十週年紀念會。來到公墓的民眾超過主辦單位的預期。更令人意外的是，群眾在回憶過去的苦難之後，憤怒的對象轉向了現今的統治者。大批群眾在紀念會結束之後前往瓦茨拉夫廣場，發出要求自由民主的呼聲。抗議群眾遭受鎮暴警察粗暴對待。三天之後，幾乎捷克所有非政府控制的團體包括「七七憲章」，聯合組成領導民主運動的「公民論壇」（Civic Forum），聚集抗議的民眾也增加到五十萬人。十二月底，共產政權崩潰。

選舉舞弊最容易導致群眾聚集抗議的意外事件。後來東歐與中亞的四個民主革命，烏克蘭的橘色革命、喬治亞的玫瑰革命、塞爾維亞的推土機革命、吉爾吉斯鬱金香革命，都是因為抗議選舉舞弊而導致威權政體垮臺。本書撰寫的最後階段中，玻利維亞的總統也因為選舉舞弊遭人民強烈抗議，終流亡墨西哥。

選舉舞弊最容易引發群眾的集體抗議，因為群眾的聚集抗議需要「事件」來點燃。群眾很難群起抗議常態性的剝奪，如不民主、不自由等持續存在的現象。白俄羅斯的反對派受到吉爾吉斯革命的感染，於二〇〇五年三月在非選舉期間發動群眾抗議示威，結果只有兩千多人參加，許多民主人士被逮捕。選舉舞弊容易引發群眾抗議的另一項原因是，抗議選舉舞弊是相對安全的議題。相較於抗議獨裁體制、或抗議獨裁者的統治，抗議選舉舞弊的層次較低，不涉及政權的統治基礎和正當性。而且，對選舉舞弊的抗議行動一般都能超越黨派和政治立場，獲得中間民眾的同情。社會大眾對於是否要民主、或是否立即民主也許沒有共識，可是既然有了選舉，很少人會反對選舉的公平。

對選舉舞弊的憤怒和抗議行動，大多緊接在開票之後。時間過久，憤怒的情感將大為減弱。尤其當偷竊選舉的人就職，並開始行使公權力之後，抗議行動將無法動員。亞美尼亞的民主派於二〇〇四年四月效法喬治亞的「玫瑰革命」，經過一年之後才發動抗議選舉舞弊的行動，結果只動員數千人而被政府擊潰。

尼加拉瓜的獨裁者蘇摩撒曾經取笑反對派：「你這個可憐的狗兒子，你或許贏了投票，不過我贏了計票。」國民黨當然從來沒有這麼露骨；可是數十年來的每一次選舉，當反對者獲得更多選票，它就用計票來贏得選舉。中壢暴動之前不久的一九七五年，郭雨新在宜蘭競選立法委員。在國民黨的計票方式下，宜蘭人總共投出八萬多張廢票。郭的助理陳菊要求壯圍鄉一個投票所，重新檢視三百多張廢票，結果發現其中一百八十多張是投給郭雨新。國民黨的計票方式不但讓廢票特多，對於提高投票率也有很大的幫助。那一次選舉我在宜蘭一個投票所外全天候監看，我計算總共有八百多人進去投票；當天晚上該投票所卻開出一千兩百多票。如果該投票所的公民數為一五〇〇，則投票率從五五％被提高至八〇％；多出來的四百多張選票當然不可能是投給政權的反對者。

不過，郭雨新非常自制，憤怒的選民也很自制。該次選舉平安度過，只有小小的騷動。桃園這次的選舉結果完全不一樣。新生代的許信良比較像群眾運動家，完全不同於老一代的紳士郭雨新。他的選戰、在選舉期間發出的保衛選票之號召，將桃園選民激勵得熱血沸騰。已經隱忍三十多年的選民，這一次不再選擇自制。從此臺灣的政治很不一樣，民主運動也有很大的改變。

許信良在事件十週年接受《新新聞周刊》訪問時說，「人民發現自己有力量。瞭解自己的力量，以後就更大膽、更勇敢。中壢的火燒掉的不只是一個小小的警察分局，燒掉的是凶霸與黑暗，也燒掉人民對政治的恐懼和冷感。」從事件之後民主運動的運動模式來看，似乎確實如此。

在這之前，人民對國民黨威權體制的抗議只有兩個方式。第一個方式是由知識分子寫在稿紙上，然後在隨時可能被查禁、沒收的雜誌上刊登。第二個方式則是數年一次，在選舉中批評國民黨。文字或語言，被批評的人都不在現場，因此也沒有衝突、沒有對抗。不論文字或語言多麼激烈，氣氛都是溫和的。

中壢事件對臺灣的民主發展有兩個重要性。第一，一九四七年之後第一次對威權獨裁的反抗，從文字和語言提升到行動的層次。反抗者在行動中，用身體直接和獨裁政權象徵的警察接觸、對抗，而且似乎贏了這場抗爭。從此一切都有所不同。就像一個文弱的書生面對土匪的霸凌，本來只是寫抗議文章給鄰居看，或在對方門口大聲叫喊抗議；土匪沒收文章，對語言抗議則充耳不聞。終於有一天，書生突然用身體和行動保護自己的尊嚴，直接和對方對抗，而且讓對方束手無策。從此，一切都不一樣了。中壢事件除了「燒掉人民對政治的恐懼和冷感」，更重要的是擴充了民主抗爭的行動劇碼。從此，除了文字和語言，集會和行動成為運動的主要內涵，三者交叉出現在運動中。

反對者變得理直氣壯，將抗議的劇碼從語言提升到行動之後，政權也因而變得更具壓迫性。雙方的衝突不斷升高。這是新一波民主運動的特徵：行動、壓制和衝突。衝突終以美麗島事件的大逮捕、大審判而結束。

中壢事件對民主發展的第二項重要性是，它讓國民黨在其他選區的舞弊行為大為收斂，直接導致黨外候選人大量當選。張俊宏的夫人許榮淑回憶說，投票當天下午五、六點，他們在南投聽說中壢發生了暴動不久，計票尚未結束南投的警察局長就到他們家，向張俊宏說：「你已經當選了，快離開南投，不要出現在群眾面前。」他們夫妻於是被押上警察局長的座車到臺中，住在臺中的旅館裡。「票還沒開出來就已經當選了。」許榮淑這樣回憶。其他選區或許有類似情況，結果導致黨外人士大有斬獲。也開啟了第二波民主運動。

5 樂觀大步向前行

從一九七七年底的中壢暴動開始，直到一九七九年底的美麗島事件，這兩年是民主運動的青春期，具有青春期的特徵：充滿活力，對不可知的未來充滿樂觀。中壢暴動讓許信良順利當選桃園縣長，同時也有十三名黨外人士進入省議會：張俊宏、林義雄、周滄淵、黃玉嬌、傅文政、陳金德、何春木、蘇洪月嬌、林樂善、蔡介雄、余陳月瑛、邱連輝、趙綉娃等人。新的民主運動儼然成形。其中，許信良、張俊宏、林義雄也立即成為新一波民主運動的象徵和領導人。

民主運動的領導群可以如此速成，都拜選舉之賜。參與選舉之前，張俊宏曾經是《大學》雜誌的要角，也參與過臺北市議員選舉，可是他的知名度不出臺北的知識界。

省議員許信良的知名度則不出桃園縣。林義雄在宜蘭鄉下出生、成長，臺灣大學法律系畢業後成為執業律師，當選省議員之前，曾經是郭雨新選舉官司的辯護律師，可是名聲只限於黨外運動圈內的少數支持者。

政治學者早在一九七〇年代就開始研究獨裁政權底下的選舉，雖然當時舉辦選舉的獨裁政權為數不多，大約不出十個。當時這些政治學者認為，「沒有選擇的選舉」為獨裁政權創造幾項正面的效果，如提供正當性、統治者和被治者之間的溝通、以及統治團體內部衝突的調解等。進入二十一世紀後，舉辦選舉的獨裁政權大量增加，大約有七成的獨裁政權都舉辦了選舉。共產政權有馬克思主義當防身武器，不需要選舉。非共產政權的獨裁者被迫迎合文明世界的主流思潮：統治必須獲得人民的同意。然而政治學者當時對這些「選舉威權政權」的研究，大致仍遵循先前的研究傳統，分析選舉如何有助於獨裁政權的生存。一位政治學者就認為，我們或許不須要鼓勵獨裁政權舉辦選舉，因為「選舉穩固威權政權的功效多於促進民主」。

然而近幾年來，政治學者有了不一樣的想法：威權體制中的選舉或許具有促進民主轉型的功能。其中最具野心的研究，以從第一次世界大戰結束到二十一世紀初的一百九十三個國家為樣本。研究發現：選舉確實有助於獨裁政權的民主化，「可是其效果並非十分顯著。我們不應期待選舉將為民主轉型帶來奇蹟。」「選舉對民主化產生的效果，很類似社會經濟的現代化對民主轉型的效果。」

正如現代化理論，直覺上我們相信經濟發展帶來的社會變遷，對民主化有正面效果。可是研究卻發現，效果並不很顯著；社會變遷（如教育普及、都市化等），不能自動轉化為民主化的動力。它們需要一個不可或缺的媒介：人為的努力。同樣的，選舉不會自動成為民主轉型的動力，它也需要這個不可或缺的媒介：人為的因素。民主的推動者必須認知到選舉的重要性，而且也願意參與選舉，將它視為推動民主的重要途徑。

選舉對民主轉型的第一項正面效果，在於它能讓民主運動的領導階層迅速形成。任何反對運動都需要一個持續性的、高能見度的領導中心，做為群眾認同的對象，也做為政權的另一個選擇。有些運動甚至特意培養個人成為運動的象徵，例如南非反種族隔離運動。在曼德拉被監禁的二十七年間，南非政府禁止媒體提到他、或刊登他的相片，然而種族隔離運動卻花費很多努力和資源，將他塑造為運動的象徵，也避免他被同胞和世界所遺忘。後來的發展證明，這項策略和人選都是正確的選擇。有人認為，「阿拉伯之春」民主運動之所以快速消失，就是因為沒有顯著、固定的領導人或領導團體，做為運動的象徵、認同的對象、以及政權的另一個選擇。埃及革命的成果甚至為反民主的保守團體所收割。所有的人都清楚，南非白人政權之後是曼德拉，緬甸的軍人政權之後是翁山蘇姬，印度英國殖民政權之後是甘地的團體，菲律賓馬可仕政權之後是柯拉蓉。可是沒有人知道（包括反抗者自己），阿拉伯之春之後將由哪些人取代這些政權。

透過選舉出現的領導人物，和論述所創造出來的抗議者有很大的不同。雜誌的普及和影響力都相當有限。最重要的差異是，民眾渴望看到真實的人、聽到真實的聲音，和鮮活的領導人一起呼吸，一起築夢。政治有如一齣戲劇，當舞臺不存在，民眾只能閱讀劇本。可是閱讀劇本只能對角色產生同情，無法產生熱情。閱讀讓我們對反抗者產生抽象的、理念的贊同。可是當我們在舞臺上目睹活生生的人、聽到他們的聲音、欣賞他們的舉止，我們對他們產生熱情的認同和效忠。

彭明敏在一九六四年和學生輩的魏廷朝、謝聰敏發表〈臺灣人民自救運動宣言〉。巴黎大學法學博士的他，當時是臺大政治系的教授，曾經擔任駐聯合國代表團的顧問。在那個時代，以他的條件在威權體制中飛黃騰達並不困難。可是他卻做出了希罕的抗議行動，彰顯為理念不計代價的精神。然而當時知道這件事、知道他可貴行為的人並不多；往後二十年他對政治似乎也沒有太大的影響。他不曾透過選舉成為人民效忠的焦點，沒有長年不間斷地在舞臺上和人民一起構築民主的夢想。當他長久流亡海外，更失去了和人民共同承擔威權統治的機會。以他優越的條件和背景參與選舉，長期生活在人民當中扮演政權挑戰者的角色，並且耐心經營全國性的運動，局面或許會有很大的不同。

選舉對民主轉型的第二項正面效果，是選舉活動所創造的集體認同感。研究社會運動的社會學者認為，抗議事件、罷工、占領等行動創造了集體的認同感或社群感。透過集體行動所創造的認同感和社群感，是支撐社會運動的重要基礎。威權體制下的選舉雖然不是社會運動，可是競選活動中的演講會仍然具有這樣的功能。如果沒有競選活動中的造勢聚會，人民將互相隔離、孤單地在家裡閱讀黨外雜誌。他們無法和眾多具有相同心志的同胞聚在一起，聆聽民主運動者對政權的控訴，對未來的期待。經常是在寒冬的夜晚，老人與青年、富人與窮人、男人與女人，來自社會不同角落的人，在雨中聚集聆聽民主運動者編織未來的夢想。選舉活動所創造的集體認同感，鞏固、也提升了民眾對民主價值的追求、對運動領導人的支持，同時在選民之間發揮互相支持的效果。這一切都對民主運動的維持非常重要。

在這次選舉當選的十三位「黨外」省議員，在議會中和另外九名非國民黨的省議員聯手，雖然不及七十七名議員總額的三分之一，卻活化了這個當時唯一全面改選的民意機構，讓省議會成為當時挑戰國民黨的主要戰場。

全新的省議會從就職的宣誓典禮就風波不斷。臺灣省政府民政廳粗心地誤將公務員的誓詞提供給省議員民意代表。當場只有非國民黨籍的張賢東發現，拒絕依照誓詞朗讀。結果是張賢東、張俊宏、林義雄、黃玉嬌四位重新宣誓，其他人則各別在正確的誓詞上簽字了事。

就職之後事情沒有結束。接下來是選舉正副議長。投票之前，林義雄發言要求在場觀禮的貴賓退席，因為「投票和開票是本會的事，其他人均不應參加」。他的發言引起部分議員的反對，有人則主張將票櫃搬離現場，以避免在場觀禮的官員干擾投票。主持會議的謝東閔省主席氣憤之下數度離開會場。現場貴賓在尷尬氣氛中識趣離開後，正副議長的選舉終於順利舉行。第二天各大報對林義雄大加撻伐，「逾越情理」、「強姦民主」、「鬧劇」。林義雄投書各大報：「未聞有將投票視為一種『禮』，而邀人觀看之前例。何況省議員投票選舉正副議長時，黨、政、軍要員在座，亦屬有礙觀瞻。」結果當然沒有一家報紙刊登他的說明。

這其實是小事一件，並不涉及政權的正當性，也不挑戰獨裁統治的作為。經過幾乎所有報紙的撻伐，卻引起全國的注目。恭謹聽從政府安排的時代已經過去了；凡是不合理的現象都應該挑戰。這是一種新的態度，新的氣勢。後來在一九七九年，張俊宏和林義雄提出「大軍壓境」的質詢，同樣屬於新態度的宣揚。當時軍隊演習在省議會庭園紮營，議會園區的道路上停滿軍車。他們在質詢中指出，軍隊屬於行政權，議會為立法權。兩權在形式上和實質上都應該嚴守分際。所以，軍隊不應該在省議會開會期間駐紮於議會所在的空間裡。這個質詢照例引起媒體的撻伐，也因此引起廣大的注意，過去從來沒有人勇於提出此種新觀念，質疑政府的舉措。

兩個多月之後，林義雄又挑戰了行之多年、無人敢質疑的官方語言政策。國民黨政府為了創造臺灣人的支持，多年來一直在媒體、學校中強力推行「國語」運動，也壓制臺語的使用，做為教化中國認同的重要工具。在討論省議會議事規則的時候，林義雄提議增列「議事用語」：「本會開會時應使用中國語言，包括漢、滿、蒙、回、藏、苗各族語言及本省山地話。」結果不令人意外，除了被絕大多數票否決（總數七十七票，其中七票贊成、五票棄權、四十三票反對），又引起媒體再度撻伐。後來張俊宏更以省政府廳處長、科長的省籍比例數字，質詢外省籍人士在政府部門的不合理優勢。

民主運動者在省議會裡對威權體制的挑戰，經常刺痛了替獨裁政權服務的官員，逼使他們在良心和官位之間公開做選擇，無法如以前一樣道貌岸然。繼張俊宏在質詢中指出停止雜誌登記是違法之舉後，林義雄質詢省新聞處長趙守博：

「我請教你，你是新聞處長，並且是相當有學養的學者。以你新聞處長的地位，或學者的地位，我請教你：停止雜誌登記是不是違法？請你慎重回答，這一句話可能關係你的聲譽和未來的政治前途。」

「我剛才已經向張（俊宏）議員報告，這是中央的決定。我是公務員，我應該遵守中央的決定。」

「我請教你，新聞處長是不是唯唯諾諾的奴才？」

「我不是奴才。」

「好，我請問你，新聞處長認為這個正不正確，有沒有違法？」

「我認為它不違法。」

終於逼出在美國獲得法學博士學位的新聞處長，說政府不准人民出版雜誌並不違法。

十三位傾向民主的省議員在一九七九年十一月中旬的施政總質詢中，開始展現集體作戰的意願和能力。在周滄淵和陳金德的策動、張俊宏和林義雄的規畫下，十三位黨外省議員提出持續一天半的聯合質詢。質詢開始，由屏東的邱連輝提議全體議員為爭取民主而犧牲的烈士和先輩默哀一分鐘。現場只有十三位議員起立默哀，其他議員和省政府官員則坐立不安。默哀之後，黨外省議員提出「三民主義聯合大質詢」的三大主題。「國際地位」主題包括申請加入聯合國，「實施民主憲政」主題包括解除戒嚴、國會全面改選。

聯合質詢結束後，由高雄市的趙綉娃做結論：「進步的緩慢，使人開始懷疑執政黨的誠意，也使人懷疑執政黨應付世局和對抗中共的能力。」「面對中共的威脅，我們不得不再代表選民堅定而嚴厲地要求執政黨，真心誠意地努力向你們標舉的三民主義理想邁進。否則我們將成為歷史的罪人，一千七百萬居住在臺灣的人民也將成為陪葬品。」

趙綉娃當時二十七歲。她二十三歲當選高雄市的省議員，是省議會有史以來最年輕的議員。這是她的第二任。她來自一個獨特的政治家庭。他的父親連續七次以黨外身分競選高雄市議員，落選多、當選少。全家生活本就非常艱困，初二那年父親又落選後全家小孩都休學。後來已經上班的大姊資助她讀補習班，終於考上夜校。她晚上上課，白天工作；當過店員、市政府臨時工。競選初期她害羞又不會演講，高雄市的熱情選民卻不吝惜付出溫暖，大聲叫喊鼓勵這位可愛的小女生：「慢慢說，不要緊張。」

在黨外省議員的團結下，省議會成為選舉和雜誌之外另一個民主運動的戰場。他們也成為愛好民主自由人士矚目和期待的焦點。許多民眾包遊覽車到霧峰，旁聽黨外省議員的質詢。可惜一個多月之後，美麗島事件發生。兩位主將張俊宏和林義雄被逮捕，在監獄中度過多年人生中的黃金歲月。林義雄更是承受了人間難有的負擔。

就在民主運動氣勢大增的同時，獨裁政權也做出了反應。威權時代人人恐懼的警備總部，在一九七八年六月中旬搜索陳菊的住處，一週後在彰化天主教堂將她逮捕，收容她的神父被驅逐出境。這是新一波民主運動中的第一個逮捕事件。

陳菊自稱當時是「黨外小妹」。和林義雄同樣是宜蘭人的她，十九歲從世界新聞專科學校畢業後，成為宜蘭省議員郭雨新的祕書。此後多年，一直幫郭聯絡全臺灣的反國民黨人士。活動力強大的她，不只將嚮往民主的老、中、青三代串連在一起，許多年輕人加入黨外的隊伍也是因為她。當時臺灣民主運動者和海外人權團體的聯絡，雙方資訊的流通也是透過她。她同時是許多禁書的重要來源，等於是流動地下圖書館。即使郭雨新離開臺灣到美國後，陳菊仍然積極到處活動。

根據當時警備總部副參謀長的紀錄，警備總部搜索她住處是因為接獲密告，陳菊在自宅中排印《選舉萬歲》，同時收藏有雷震的反政府文件。陳菊被逮捕後數日，美國大使館向臺灣政府查詢案情。七月六日陳菊被釋放，隨即被「招待」到金門參觀軍事設施，二十四日恢復自由身。警備總部釋放她的時候，要求她父親來作保將她接回。父親看到她的時候，哭著要向女兒下跪，拜託她不要再參與政治。在那個時代，父母向子女下跪以勸阻其參與政治活動，陳菊不是唯一的例子。向子女下跪顯示父母極度擔心卻無計可施的慌亂，卻給子女帶來沉痛的兩難，一生永遠無法忘懷。

民主運動在一九七八年有重要的提升。該年十二月將舉辦立法委員和國大代表的增補選。黨外人士在前一年的縣市長和省議員選舉中大有斬獲，很多人受到鼓舞。這次有意參選的民主運動者超過四十人，是有史以來的高峰。加上不少現任的縣市長和省議員足以充當宣傳部隊，民主運動士氣高昂。在張俊宏的奔走推動下，「全國黨外中央民意代表助選團」成立，施明德擔任總幹事，經費則由黃信介和余登發分攤。

施明德是資深的政治犯。他在一九六二年二十二歲的時候，因為企圖組織軍事政變被逮捕，當時他從陸軍炮兵學校畢業不久，正在金門服少尉軍官役。施被判處無期徒刑，後來因為蔣介石過世獲得減刑為十五年，於一九七七年出獄。出獄之後隨即幫助獄中難友蘇東啟的夫人蘇洪月嬌競選省議員成功。從此成為黨外的一員，而且是其中最積極行動的成員。

一九七八年十二月五日，四十多位候選人在臺北中山堂舉行座談會。黃信介指示，座談會開始前唱國歌，並將國歌中的「吾黨所宗」改為「吾民所宗」，引起混入會場的極右派人士鬧場，並和與會的黨外人士發生肢體衝突。事件經媒體報導、撻伐數天之後，黨外士氣大振。之後，每當某一地區的候選人服務處或競選總部遭受騷擾，「助選團」就立即通知其他地區的候選人總部，貼出訊息。這是第一次，全臺灣的黨外人士感覺彼此「一體」，都是民主運動的一部分。

於是選戰在眾多民主運動生力軍的參與下熱烈進行。臺北市除了有康寧祥和黃天福（黃信介胞弟），還有陳婉真、陳鼓應。何文振在臺北縣，呂秀蓮、張德銘在桃園，王拓在基隆，姚嘉文、黃順興、張春男、劉峰松在彰化，黃蔴在雲林，謝三升在臺南，周平德在高雄市，黃余秀鸞在高雄縣，楊青矗競選工人團體代表。幾乎是菁英盡出，熱鬧非凡，氣勢如虹。

助選團成員則分三組。第一組陳金德、周滄淵至高雄。第二組張俊宏、何春木、康水木到彰化、雲林。第三組黃信介、林義雄、李秋遠在臺北縣、宜蘭。數日後重組為兩團，一團由南到北，一團由北到南，計劃在投票日前一天於臺中會師。助選團也提出共同政見〈十二項政治建設〉，包括國會全面改選、解除戒嚴、司法獨立、言論自由等。

和助選團保持距離的康寧祥、王兆釧兩人組，則出版臺灣選舉史上第一份「選戰快報」，受到熱烈歡迎。其第一號討論「國民黨政府有無人才？」說：

目前政壇四大公子：陳履安（前副總統陳誠之子，現任教育部次長）、錢復（中央研究院院長錢思亮之子，現任外交部次長）、連戰（前內政部長連震東之子，現任青輔會主委）、沈君山（前農復會主委沈宗瀚之子，現任清華大學理學院長），官位實在不小。雖然是具有博士學位的所謂「青年才俊」，但是我們子弟中有博士學位的豈止於千人萬人？為什麼單挑這四位博士，而他們的父親恰好都是顯赫一時的大官？

討論「國民黨有無責任？」時則說：

國民黨政府遷臺三十年來，一直念念不忘解救大陸七億同胞，可見它的政治責任感是非常重的……國民黨不全面改選中央民意代表，因為是負有「把憲法完整帶回大陸去」的責任。三十年不廢除戒嚴令，是因負有「保障人民享受民主自由」的責任。人民犯罪動輒以軍法論處，是因為「保障國家安全」的責任……報禁不開放，是因為「節省國內新聞紙張」的責任。

第四號「埋在大國沙文主義中的鴕鳥」，則批判了國民黨號稱代表全中國所造成的國際孤立，「將國家的命運帶到一個死胡同」。其「家在山那邊」的民族教育，則導致了下一代臺灣認同的危機。

選戰氣氛達到空前未有的熱烈。在情勢一片大好的氣氛中，美國政府突然在十二月十六日宣布將於次年一月一日和中華人民共和國建交，停止和中華民國的正式外交關係。國民黨政府順勢宣布停止熱鬧進行中的選舉。民主運動參與者共同發表〈社會人士對延期選舉的聲明〉，指出「任何不當的應變措施或主張，都是不正常心理所造成。我們擔心這些將可能產生毀滅性的結果……從速恢復選舉活動，足以表示政府實行憲政對抗暴政的決心，我們期待政府勇敢地抗拒軍事統治的誘惑與壓力」。康寧祥則發表自己的〈告同胞書〉，其數項主張包括「希望大家冷靜、政府應有誠意、人民應有信心、美國應尊重臺灣民意、大家團結奮鬥」。

選舉雖然取消，運動並沒有停止，氣勢也沒有消散，獨裁政權行使的壓制力道也更為巨大。停止選舉一週後，全臺灣的黨外人士收到通知：十二月二十五日在臺北舉行「國是會議」。會議當天，國賓飯店會議室因整修內部，大門關閉。與會的六十多人只好轉移到狹小的助選團總部，發表〈黨外人士國是聲明〉，再度呼籲國會全面改選、司法獨立、軍隊國家化、解除戒嚴、保障言論自由等。雖然沒有選舉，全臺灣的民主運動人士仍然繼續集結，組織化的跡象開始出現。這是一九五〇年代的「自由中國」組黨民主運動以來，反對人士最大規模的集結，有形的組織即將出現。

這次的集結數日前，幾位領導人，包括余登發、黃信介、康寧祥、黃順興、張俊宏、林義雄、施明德等人，曾經有過小型的聚會。余登發在會中表示可以出面領導這個正在壯大的運動。余登發是南部的黨外大老；他在一九四七年行憲之後所舉行的中華民國第一屆國民大會代表選舉，就當選高雄選出的國大代表。當時臺灣只有二十七個名額，高雄選區則包括高雄縣和屏東縣。當時他是橋頭鄉長，此後他在高雄縣構築了一個國民黨無法撼動的政治勢力。余登發既然願意出面領導，黃信介當場爽快同意。隨後計劃在二月一日余登發的根據地橋頭，舉辦席開一千兩百桌的「民主餐會」。以余在高雄的經營，動員一萬兩千人不是問題。可是，國民黨顯然無法容忍。

國民黨政權於是炮製了「余登發匪諜案」，內容荒誕不經。不只劇情荒唐，後來在法庭上的演出，也令人發笑。雖然劇情荒唐，國民黨不久之後在美麗島事件中又依類似劇情重演了一次。獨裁政權對人民的壓迫或有過人之處，不過其智力上的表現實在乏善可陳。

「民主餐會」之前十天，余登發和兒子余瑞言在高雄自家被逮捕。獨裁政權終於出手，而且目標是獨立於國民黨之外最大政治勢力的領袖。許信良說：「國民黨連余登發都逮捕了，還有哪一個人不能抓？」黨外領導階層當天立即動員，集會討論後決定發動遊行示威做為抗議，並分配組織工作。為了防止情治單位事先獲得情報，動員工作不用電話而用當面通知的方式進行。施明德擔任總策畫，陳菊為臺北聯絡人，王拓和陳鼓應負責中部，許信良負責省議會，楊青矗負責南部。蘇慶黎和艾琳達負責新聞聯絡。施明德當天晚上又徵召了作家曾心儀從臺北南下，在臺中和許信良會面後，於深夜三點半抵達高雄。曾心儀不眠不休立即展開標語、大字報、彩帶的準備工作，直到次日。

曾心儀、林正杰、范巽綠和賁馨儀是當時黨外運動中少見的外省第二代。曾心儀成長的環境並不優渥，父親是空軍，母親是農家女。她從小喜歡閱讀小說，「曾盼望當畫家、護士。終因生活顛沛，夢幻成空……為了生活，求學間間斷斷。當過百貨店店員、美容師。」她一年多之前將刊登於各文學雜誌的短篇小說，以《我愛博士》的書名集結出版，立即造成轟動。該書充分反映了這一位「將文學當成使命」的作家，對臺灣社會的尖銳批判。民主化之後，她仍然不歇地筆耕。

南下高雄的黨外人士們，次日早上在余登發的老家橋頭鄉舉行了戒嚴時期第一次示威抗議遊行，並發表由曾心儀謄寫的〈為余氏父子被捕告全國同胞書〉：「國民黨當局在全民一致要求改革聲中，以莫須有罪名非法逮捕了素為民眾所敬重的余登發先生父子，這種軍事統治與特務統治傾向的加強，以及政治迫害的手段，都是我們絕對無法容忍，而堅決反對到底的。」一行人下午繼續前往鳳山示威抗議遊行，然後又轉到高雄火車站，並且在站前廣場演講。結束後他們搭遊覽車回臺北。途中，曾心儀說，「國民黨的戒嚴令不再是處女了，我們強暴了這個三十歲的老處女了。」這確實是臺灣實施戒嚴以來的首次示威抗議。沒有人知道國民黨會如何反應，部分人在南下高雄之前都交代了後事。

余登發以「知匪不報」和「有利於叛徒之宣傳」兩項罪名被逮捕和起訴。本案的「匪諜」是吳泰安。根據起訴書，吳泰安受中國駐日本的「匪幹指使潛回臺灣，吸收叛亂分子從事暴亂顛覆活動，擇定被告余登發為吸收對象」。吳拜訪余登發時，余並不在家，由兒子余瑞言接待。吳泰安出示「臺灣自由民國革命委員會主席」之名片，並且告訴余瑞言他「自日本受匪派遣回國進行暴亂活動」。第二次去找余登發，余登發還是不在。吳泰安於是留下「革命動員第一號令」給余瑞言。余登發父子事後沒有向政府檢舉，這是遭起訴的第一項罪行。第二項罪行則是美國和中國建交後，日本《朝日新聞》登載了葉劍英和黃華的談話。葉劍英是中華人民共和國的開國元勛，年輕時曾經擔任孫中山的軍事幹部，後來協助創立黃埔軍校。他當時是人民代表大會常務委員會委員長，等於國家元首。黃華則為其外交部長。葉劍英在該年一月一日發表〈告臺灣同胞書〉，號召臺灣同胞實現中國統一。主張統一的余登發影印數十份，和數位訪客分享，並為其翻譯日文。這是「為匪宣傳」。

這種劇情實在令人發笑。在白色恐怖時代中，居然有人初次見面就要吸收素昧生平的人從事顛覆叛亂活動。而且主角是一個沒有固定職業的相命師，對象則是全國敬重的政治領導人。根據國民黨政府的劇情，這位政治領導人和陌生人第一次見面就被吸收從事危險的顛覆行為；吳泰安的幾個朋友也被他任命為「革命委員會副主席」、「東部最高指揮司令」、「南部地區作戰司令」、「高雄作戰指揮官」等職位。這情同白癡表演的鬧劇。我們無法得知，蔣經國對他的情治系統編出這種低能的劇情有何感想。不過，不久之後的美麗島事件中，幾乎同樣的劇情又上演了一次。

不只劇情荒誕不經，情治單位也沒有事先做功課。余登發的兒子余瑞言，因為心臟病服藥導致過度肥胖和嗜睡。他先前幾年在父親的命令下競選高雄縣長，政見發表會上對手發言的時候，他在臺下打瞌睡。這是許多人知道的事情。情治單位逮捕他之後，在偵訊過程中他不停地打瞌睡。這樣的人如何能叛亂？情治單位數十年來安處海島，不用和敵人鬥爭，唯一的工作是欺壓人民，素質的低落難以避免。

一九七九年三月九日的審判同樣是一場鬧劇。余瑞言的辯護律師姚嘉文不斷詰問吳泰安的匪諜身分，導致法官很生氣地說，「姚律師，你認為吳泰安是假匪諜，是不是？」吳泰安竟然接著回答說，「我已經說我是匪諜，我就是匪諜。我也告訴被告我是匪諜。他們明知我是匪諜而不檢舉，就是犯罪。應該以國家為重，不要跟我爭。」這真是威權時代中最奇特的事件：有人不但堅持自己是匪諜，還教訓不檢舉他的人犯了知匪不報的罪。真是一位愛國的匪諜。

在辯護「知匪不報」部分，姚嘉文問法官：知道鄧小平是共匪卻沒有檢舉，算不算「知匪不報」？法官說，因為政府已經知道鄧小平是共匪，所以不算知匪不報。姚嘉文說，根據《中央日報》刊登的消息，政府早就掌握吳泰安的一舉一動，知道他是匪諜，所以，余登發父子沒有舉發，不能算是「知匪不報」。結果法官竟然回答，「《中央日報》登的，怎麼可以相信？」《中央日報》是國民黨的黨報、政府的忠心喉舌，當時民間對該報的評價是：《中央日報》應該倒立著看。民主化之後，該報就因為聲譽太差而關門。四月十六日，法庭判決余登發八年徒刑，余瑞言兩年徒刑。

更為殘酷的是政權對其工具的處置。吳泰安因為匪諜罪行、也堅決自認為匪諜而遭判處死刑。法院在五月十四日駁回他的上訴，兩週後的二十八日，「愛國匪諜」吳泰安被槍決。整個白色恐怖期間，應該沒有人，不論是真匪諜還是假匪諜，在判決之後如此迅速槍決。他的情婦余素貞則被判十五年徒刑。根據和她關在同一監獄的受難者回憶，余素貞並不知道吳泰安已被槍決，猶不斷告訴獄友，她馬上就可以出獄，而且政府答應給他們三百萬獎金。

這是獨裁政權對新一波民主運動的首次壓制，預告了隨後的整肅。可是民主運動者幾乎沒有人預期隨後將來臨的更大規模整肅；在美麗島事件的審判中，我們可以看到，他們在心理上並沒有做出必要的準備。

法庭判決余登發八年徒刑之後四天，監察院因為許信良縣長沒有請假就到橋頭參加示威遊行，通過對他的彈劾。五月底，黨外在桃園為許信良辦生日晚會，大約兩萬群眾到場，卻為鎮暴部隊所圍堵。「公務員懲戒委員會」六月對許信良做出停職兩年的處罰，隔天黨外人士舉行記者會抗議。林義雄在記者會上說，「國民黨是叛亂團體」。這應該是有史以來對國民黨最大的譴責。林義雄其實是根據英國民主思想家約翰·洛克的理論：政府違反民主契約乃是對人民的反叛。七月一日黨外在高雄舉辦大型演講會，抗議許信良遭免職、余登發被逮捕。二十八日，「黨外中央民意代表候選人聯誼會」在臺中公園舉辦民謠演唱會，被鎮暴警察以水柱沖散。記者司馬文武說，這是「三十年來第一次鎮暴行動」。八月七日，陳博文被逮捕。十日，陳婉真在紐約臺灣駐美辦事處前絕食十二天。

在雙方衝突不斷升高的氣氛中，黃信介於五月中旬申請到《美麗島》雜誌的發刊許可。七月上旬，雜誌社的人事確定：發行人黃信介、社長許信良、副社長呂秀蓮和黃天福、總編輯張俊宏、執行編輯魏廷朝和陳忠信、總經理施明德、發行管理人姚嘉文和林義雄。全臺灣各地也都成立雜誌社分處，由各地方的民主運動人士經營領導。全國社務委員大會於十月中在臺北召開，參加的社務委員超過八十人。雜誌社的組織儼然是雛形的政黨。

雜誌在九月初出版創刊號，銷售量超過五萬本，後來不斷加印仍然供不應求。之後的每一期也都大暢銷。雜誌受到熱烈歡迎，各地又設立服務處，整合了全國的民主力量。這是臺灣民主運動有史以來發展的最高階段，超越前一波的自由中國組黨運動，也形成有史以來對獨裁政權最強烈的挑戰。獨裁政權當然不可能坐視，就像二十年前沒有坐視雷震的組黨運動一樣。問題只是：什麼時候出手？用什麼方式？

獨裁政權出手的第一個跡象，是九月八日在臺北中泰賓館舉行的雜誌社創刊酒會。當天晚上極右派「疾風社」動員群眾聚集在會場外，辱罵參與酒會的來賓。同時將四百多位來賓包圍在會場之內，禁止他們從正門離開。雙方僵持中，情治人員布滿會場，說是協助避免流血衝突，可是與會者無法不感受到他們對黨外人士的輕蔑和敵意。晚會終於在紛擾混亂中結束，沒有人受傷。次日的媒體大多批評極右派的胡鬧。民主運動士氣大振。

然而就在民主運動的高峰期，許信良帶著全家大小在九月底離開了臺灣。民主運動的領導人之一、許多人心目中的英雄，從此和民主運動完全脫離，也離開了群眾。他曾經自命要建立一個和傳統黨外不一樣的全新民主運動。如今在民主運動的高潮中，他選擇了出國。

此後他只能在異鄉流亡途中，間歇性地發出對國民黨政權的批判。直到一九八九年九月底，許信良搭乘的偷渡漁船在小琉球外海，為海關緝私船攔截。三個月後，他以和美麗島同志相同的叛亂罪，被判處十年徒刑。五個月後為李登輝總統特赦。他離開臺灣整整十年。這期間，幾乎所有的民主運動者和領導者被逮捕、被刑求、坐牢，然後新一波的民主運動興起，逼迫國民黨解除戒嚴，臺灣成為民主國家。原本站在民主運動浪頭的他，未能親身參與這些重要的歷史時刻。不過，他後來當了兩任民進黨的主席。在第二任期中，和李登輝合作修改憲法。

中泰賓館事件之後，民主運動繼續受到挑釁。一九七九年十一月二十九日，雜誌社的高雄服務處和黃信介的臺北住宅，都遭人持武士刀和斧頭搗毀。十二月八日，六名歹徒闖入雜誌社的屏東服務處，其中兩人亮出手槍，服務處一名員工遭斧頭砍傷。雜誌社計劃在高雄舉辦「人權之夜」的前一天，高雄服務處兩名員工在鼓山區，於宣傳車上被警察逮捕，被帶到鼓山分局後遭受毒打。

《美麗島》雜誌社兩週前申請的戶外演講會，一直沒有核准，如今服務處人員又遭警察逮捕並毒打，許多人敵愾同仇。張俊宏則擔心雙方衝突會不斷升高，情況會失控。他遂請黃越欽教授出面協調。黃教授和國民黨政策會副祕書長關中聯絡之後，立即趕到高雄。他先去了國民黨市黨部，然後在市黨部人員陪同下和南區警備總部司令常持琇將軍會面。常將軍答應只能核准室內集會。不過，因為經過前幾天的宣傳，人潮已經聚集。警察局長要求美麗島人士取消遊行。美麗島人士則要求警察局為打傷兩位工作人員道歉，鼓山分局長辭職以示負責。在群眾已經大量聚集中，這是撫平群眾情緒，讓他們願意散去的唯一方式。新興分局副局長記錄他們的要求之後離開，從此沒有回音。

在這種情況下，是否依照原訂計畫舉行戶外演講會？美麗島同仁經過內部開會討論，原先多數贊成繼續和南警部常司令溝通，並尋找適合的室內演講會場地，只有少數人主張依照原訂計畫舉行群眾聚會。可是後來少數人的意見成為主流。黃信介抵達高雄火車站和南警部常司令達成協議：在服務處舉行演講會，但取消遊行。可是黃信介和常司令抵達美麗島服務處的時候，遊行隊伍已經出發。原先申請舉辦演講會的扶輪社公園，已經被警察包圍無法進入。於是隊伍更改目的地到新興分局前面的圓環。群眾抵達圓環之後，隨即為鎮暴部隊所包圍。

姚嘉文和施明德進入新興分局溝通，要求鎮暴部隊打開缺口，讓群眾疏散離開。在場軍官請示上級後表示，上級拒絕。當他們在分局內溝通的時候，外面的同仁為了安撫群眾的情緒，也開始唱歌、演講。不久之後，鎮暴部隊向群眾施放催淚瓦斯。被封鎖在圓環裡面的群眾，無可避免地和鎮暴部隊、憲兵、警察開始衝突。為遊行而準備的火把，成為群眾和軍警衝突的武器。

晚上十點，群眾終於突破包圍回到服務處。美麗島同仁繼續演講、唱歌安撫群眾的情緒。當群眾的情緒逐漸平靜，軍隊也已經完成整編。鎮暴部隊全部戴上防毒面具，全副武裝，以整齊的步伐向群眾邁進。衝突又起。根據施明德在法庭上的證詞，鎮暴部隊竟然以十多人的小隊伍，衝進數千群眾中。衝突當然不可能避免。衝突既起，鎮暴部隊施放催淚瓦斯之後，群眾更為激動。幫雙方做溝通工作的黃越欽教授打電話給常司令，希望他撤離鎮暴部隊讓群眾離開。常司令回答說，停止演講群眾自然會離開。不過，演講繼續進行。最後雖然宣布集會結束，群眾仍然沒有散去，鎮暴部隊於是繼續施放催淚瓦斯。一直到午夜群眾才陸續散去。隔天晚上，警政署長孔令晟宣稱，警察四十三人、憲兵一百三十九人受傷。

暴動事件發生後，社會盛傳有黑社會人士混在群眾裡攻擊憲警。南警部司令常持琇二十年後接受訪問時表示，當時的高雄市長王玉雲確實掌握大約七、八十名的流氓可以運用，由高雄刑警大隊隊長施淵源指揮。王玉雲市長本來和常司令在市警局指揮中心，常司令要王玉雲市長先回家。王回家之後又打電話到指揮中心，要施淵源大隊長出動流氓，為常司令阻止。不過，常司令說這些流氓只聽施淵源指揮。當時的調查局高雄分處處長高明輝則認為，是流氓趁混亂報復平常欺負他們的警察。

不論攻擊憲兵、警察的是流氓，還是被鎮暴部隊圍堵、被催淚瓦斯刺激的民眾，後來被逮捕、起訴的都是沒有參與武力對抗的民主運動人士。獨裁政權隨後的課題是：如何將警民衝突事件，提升為「武力顛覆政府」的叛亂行動？民主運動者的課題則是：要用什麼樣的態度和表現，面對政權的整肅？

6 逮捕和屠殺

高雄發生警民衝突事件後，國民黨政權壟斷的所有媒體，連續數日對民主運動人士展開猛烈的攻擊。「偏激分子顯露猙獰面目」、「假美麗之名幹醜惡勾當的暴徒」、「滋事暴徒該當何罪？」、「嚴懲暴徒必須除惡務盡」等語言，充斥報紙。當時擔任臺北市長的李登輝說，「基於國家當前的環境，也基於兩百多萬市民的安全和福祉，絕不容許陰謀分子在臺北市有煽動群眾、不法集會，及破壞社會安寧秩序的暴力事件發生。」他同時呼籲全體市民，共同聲討、制裁陰謀暴力分子，以維護社會安寧。也全力支持孫運璿院長對「今後任何企圖破壞安定與團結……政府決斷然依法處置，不稍寬容」的談話。李市長說，「高雄市已發生《美麗島》雜誌社服務處的不法集會……警備總部等治安單位已採取斷然行動，決本嚴正立場，依法嚴辦，絕不寬待。」

次日清晨，獨裁政權果然如李登輝市長所期待的，開始「制裁陰謀暴力分子」。除了施明德在逮捕行動中脫逃之外，張俊宏、姚嘉文、王拓、陳菊、呂秀蓮、林義雄、陳忠信、張富忠、周平德、楊青矗、紀萬生、魏廷朝等十四人幾乎在同一時間遭逮捕。他們是第一批被逮捕的人。根據當時的調查局高雄分處處長高明輝的回憶，他們接到的指示是全臺灣同時在清晨六點逮捕所有人犯。之後，各地的雜誌社分處，全部被查封。

第二天十二月十四日，國民黨四中全會閉幕。就在大肆逮捕民主運動領袖的第二天，黨主席蔣經國在會議上致詞表示：國民黨絕對不會實施軍事統治，前一年停止的中央民意代表補選將會恢復，而且增加名額。蔣經國又說，當前仍為戰爭狀態，戒嚴不會取消。四中全會也改選了中常委。新當選的中常委除了李登輝外，還包括《中國時報》余紀忠、《聯合報》王惕吾等新聞媒體的擁有人；公然宣示媒體為統治工具的一部分。

就在國民黨四中全會閉幕這一天，在立法委員們喝采鼓掌地行使同意權之後，黃信介委員立即被逮捕。後來陸續逮捕其他成員，所有的運動參與者幾乎無一倖免。根據姚嘉文律師出獄後的追查統計，美麗島事件總共逮捕一百五十二人，遍及全臺灣，整個社會陷入恐怖氣氛。其中交保候傳有四十一人，交保釋放五十人，被收押六十一人。被收押的六十一人中，有三十三人由普通法院起訴，八人由軍事法庭起訴。施明德則在逃亡二十六天後，於一月八日被逮捕。在這二十六天期間，全臺灣陷入肅殺氣氛中，電視充斥通緝施明德的新聞和廣告，街上貼滿懸賞海報：「賞金一百萬元，凡包庇或藏匿叛徒者，依懲治叛亂條例第四條第七款規定，處死刑、無期徒刑或十年以上有期徒刑。」在小學課堂上，老師警告學童注意壞人的行蹤。

施明德遭逮捕不久，在逃亡途中藏匿他的高俊明牧師、加爾文神學院院長林文珍、牙醫師張溫鷹、吳文牧師、許晴富、林樹枝等人也被逮捕，接受軍法審判。高俊明牧師和許晴富都被判刑七年，林文珍院長判刑五年，其他人判刑兩年。

張溫鷹出身臺中有名的世家。她個性溫柔、說話輕聲細語，看起來是一個從來不生氣的人。她當時對民主運動涉入不深，可是在重要關頭卻自自然然、毫無勉強地去做正確的事情。蔡有全和林弘宣逃亡的第一站，就是投奔張溫鷹，由她藏匿在家裡擁有的一間空屋。藏匿期間，蔡有全請張溫鷹到臺北幫施明德整容，方便施逃亡出境。張溫鷹是牙醫，從沒有學過整容醫學。她到臺北買了一本整容的專書，然後就大膽地在施明德下巴動刀。施明德被捕的時候臉上還貼著紗布，張溫鷹也在現場。她向情治人員說她是屋主許晴富的親戚。後來她自動投案，被判刑兩年。張溫鷹在一九八九年當選省議員，連任兩屆後，於一九九七年當選臺中市長。

林文珍院長和高牧師都不認識施明德。林文珍家裡有七十多歲母親、兩名幼子、一名智障弟弟，全靠她一人撫養。當高俊明牧師拜託她對施明德伸出援手，林文珍說她得想一想，然後她回家禱告。當天下午，她回到高牧師的辦公室接下這項任務，將施明德藏匿在她臺北市敦化南路家裡兩個星期。以她的家庭情境，她應該推託、也可以合理推託。可是她的信仰不容許她推託。後來施明德轉移到許晴富在西門町的家，並且在該處被逮捕。林文珍還是被判了五年徒刑。真是可敬的臺灣人。

林文珍入獄前就患有氣喘病，而且動過胃部切除手術，在監獄中受到不少折磨。一直到高俊明牧師在監獄裡絕食抗議，獄方才勉強讓林文珍就醫。高俊明牧師是基督長老教會最受尊敬的領袖。他的祖父高長是最早皈依基督教的四位臺灣人中的一位。高俊明小學的時候前往東京就學，住在他的姨丈蔡培火家裡。蔡培火是反殖民主義運動領導人之一。高牧師從臺南神學院畢業時，是唯一自願前往山地傳教的畢業生。他後來在花蓮篳路藍縷，於鯉魚潭邊建立玉山神學院。高牧師講道使用的臺語極其典雅，令人無法忘懷。在監獄裡和他鄰居的林義雄說，認識高牧師這麼多年從來沒看過他對人不耐或無禮，永遠帶給人祥和平靜。所有認識高牧師娘李麗珍的人，也都能從她身上獲得相同的祥和與平靜。牧師娘小時候跟隨在臺灣傳道的挪威籍女宣教師到日本，進入名古屋中學、名古屋大學英文系。她的大哥和兩位表哥在二二八事件中受難，當時大哥十六歲，表哥分別是十八歲和二十一歲。她母親的四位姊妹中，有三位在這個事件中死去一個兒子。

高牧師被逮捕的時候，正擔任基督長老教會總幹事。他被捕之後，長老教會發動各地為他禁食祈禱，總會並通過決議保留他的總幹事職位，並任命代理總幹事，直到他獲釋歸來。之後總會開會時，都放置一張空椅子在講臺上，象徵對缺席者的等待。

戴振耀是最後一位被捕的人。他在逃亡一個多月後因為想念家人在一月十三日偷偷回家。進入家門不到十分鐘，他的家就被警察包圍。戴振耀是余登發的老家橋頭鄉人，從小成長在貧窮的農家。進入國民小學的第一天，赤腳的母親帶著赤腳的他入學。戴振耀雖然家裡貧窮，父母也沒有受過教育，卻從小喜歡看書。進入高雄岡山高中後，他發現圖書館竟然有全套的《自由中國》雜誌。後來發現附近的中國石油公司圖書館，更宛如知識寶庫，一有時間就在那邊流連忘返。岡山高中一位教地理的皮姓外省老師，在無意中鞏固了他的政治傾向。有天一位同學高興地向這位老師展示兩支原子筆，是加入國民黨後教官送的禮物。皮老師冷冷地回答說，「入黨值得高興嗎？」「就只為了兩支原子筆嗎？」數十年後，戴振耀仍然清楚記得這件事。高中時期正是人生的摸索階段，老師的態度肯定對學生有十足的重要性，也幫助維持了戴振耀的人生軌道。

戴振耀高中畢業那年，喜歡上鄰居一位同一年初中畢業的女孩。女孩的父親不讓她升學，甚至不給她報名費去報考免學費又提供食宿的師專。戴振耀於是和好朋友黃財旺，到高雄臺灣水泥公司當臨時工扛水泥。戴振耀扛了七天水泥，湊足師專考試的報名費送給女孩。兩人後來走上不同的人生道路。戴振耀在監獄的時候，這位老師常來家裡探視他的小孩。

戴振耀高中畢業後沒有繼續升學，進入高雄煉油廠工作。幾年之後，他湊了一萬多元競選鄉民代表，拒絕接受六萬元的「退選紅包」之後順利當選。喜歡閱讀《自由中國》的戴振耀競選最基層的鄉民代表，第一條政見居然是「呼籲黨外青年踴躍參政，以匡政風」。陳菊知道這位奇特的鄉民代表後，主動接觸他。任何人只要有民主意識，認識陳菊之後就無法避免成為「黨外」的一員。戴振耀要出獄時，刑期未滿的紀萬生老師交代他：一定要去找那位善於組織的邱義仁。戴振耀於是去找他沒聽過的邱義仁。不久之後，戴振耀在他的芭樂果園，以鐵皮屋成立了「農民教室」，是當時南部農民運動的組織教育中心。解嚴之後，他成為第一位真正農民出身的農民團體立法委員。在黨外和民進黨中，戴振耀沒有受過大學教育，顯得較為特殊。同樣特殊的是他的清純、自然、樸實和正直。認識他的人很難不喜歡他、尊重他。

美麗島的大逮捕是二二八事件以來，對民主運動的最大規模鎮壓。在以前，「政治犯」、「失蹤」等都只是傳聞，令人半信半疑。如今，它就確實發生在生活中，許多民眾熟悉和仰慕的人物都突然成為政治犯。大逮捕讓全臺灣陷入恐怖的氣氛中。

對一般民眾，遍及臺灣的大逮捕帶來恐怖政治；對於未遭逮捕的民主運動參與者，則是一個沉痛的打擊。大逮捕那幾天，國民黨正在陽明山舉行中央委員會。曾心儀一個人跑到附近絕食，企圖「用死做最強烈的抗議」。她身穿白色大衣，以便可以在上面寫抗議文字。她要「把自己的身體當作最後的武器，犧牲自己所擁有的唯一生命、唯一的身體，向世人宣告：我們在這政權控制下的生活，已到無法容忍的地步」。獨自在野外思考了一段時間，她在半夜下山，天亮之後立即投入救援工作。

一九七九年十二月十三日清晨發動的逮捕行動，並不是國民黨政權在臺灣第一次逮捕主張民主的人士。除了四十年間對異議人士從不停止的祕密逮捕之外，社會最為注目的應該是，一九六〇年九月對《自由中國》組黨運動人士的逮捕。就社會影響而言，該次逮捕行動和美麗島事件遠遠無法比擬。在規模上，蔣介石的逮捕對象只限於帶頭的雷震以及三位雜誌社的員工。其他所有的本省籍政治人物和重要作者（如殷海光和夏道平等），都倖免於難。

他的兒子蔣經國這次所發動的逮捕卻是全面性的，幾乎所有的領導人和參與者全部被逮捕。上一波的民主運動逮捕四人，而且全部是外省人。這一次的逮捕則包括八位領導人和一百三十多位積極參與者（其中九十多人後來被飭回）。這是國民黨統治臺灣以來對民主運動最大規模的壓制行動，等於是對民主運動的全面性鎮壓，對反對其政權的人的嚴厲警告。而且，八位被捕的領導人全為本省人，被捕的運動參與者也幾乎全是本省人。在族群對立尚未消除的年代，它具有重大的政治象徵，也產生了重大的政治效應。

和上一次的逮捕行動比較，除了規模差異極大之外，逮捕的政治意義也完全不同。參與自由中國組黨運動的政治人物來自臺灣各地，同樣是一個全國性的政治行動。在人民心中，這個運動代表的是對國民黨威權體制和蔣介石獨裁的挑戰。運動的喉舌《自由中國》雜誌質疑蔣介石違憲的非法連任、國民黨對自由和人權的侵害、對教育的毒害、選舉的不公和舞弊等，在最後的階段甚至試圖組織新的政黨以挑戰國民黨。可是它比較是一個在政治高壓的氣氛中，試圖呼吸自由空氣的努力，比較是單純對威權統治的挑戰。

然而美麗島民主運動所代表的意義，則已經不只是對威權獨裁體制的挑戰了。它已經開始想像一個新的社會、一個新的政治社區、甚至一個新的民族。《美麗島》雜誌的發刊詞這樣說：

玉山蒼蒼，碧海茫茫，婆娑之洋，美麗之島，是我們生長的家鄉。我們深愛這片土地及啜飲其乳汁長大的子民，更關懷我們未來共同的命運。同時我們相信，決定我們未來道路和命運，不再是任何政權和這政權所豢養之文人的權利，而是我們所有人民大眾的權利。

雖然沒有清楚標舉「新民族」，住民自決已是當時言論的最大限度。而且在臺灣民族認同無法公開論述的情境下，住民自決的民主原則最容易被接受。新民族的想像已經出現，希望正在燃燒。全面性逮捕的意義，因此不再只是對國民黨獨裁政權挑戰失利，而是構築自由而獨立國家的挫折。

大逮捕兩天後，施明德的美國籍妻子艾琳達（Linda Gail Arrigo）被驅逐出境。

臺灣的第二波民主運動中，有數位外國人基於民主的理念對運動伸出援手，如梅心怡（Lynn Miles）、安德毅（Dennis Engbarth）、三宅清子等。爭取自由民主經常是跨國界的奮鬥。十八世紀後期，法國軍官拉法葉到美國參加獨立戰爭，協助美國人爭取自由。近代最聞名的例子當然是許多英美知識分子到西班牙參與內戰，抵抗法西斯政權。其中最有名的是英國作家喬治・歐威爾，和美國作家海明威。比較不為人知的是加州柏克萊大學經濟系一位年輕的教授。他參加共和軍，成為第十五國際縱隊的幕僚長，後來在戰役中陣亡。海明威以西班牙內戰為背景的小說《戰地鐘聲》，主角美國人裘登就是以他為原型。在小說的結尾，為了讓同志得以撤退，他志願留下來單獨面對敵人、面對死亡。海明威透過他，以其慣有的樸素語言表達了許多民主鬥士面對死亡的心境。他說，「我已經為我的信仰作戰一整年了。這個世界真是一個好地方，值得為它作戰。我真不想離開它。」協助其他國家的人民爭取自由民主，是人類高貴的情操。不過在獨裁政權底下，它成為干涉他國內政的不良行為，必須加以譴責。

在協助臺灣民主運動的外國人當中，艾琳達最為投入，一直公開積極參與黨外的每一項活動。她在一九六三年隨父親第一次到臺灣的時候才十四歲，五年後跟隨臺灣人丈夫回美國。一九七五年，她以史丹福大學人類學研究生的身分，再度回到臺灣研究女工。這時正是臺灣新一波民主運動的胎動時期。她早先就認識康寧祥，她前夫的大哥的同學。透過康寧祥，艾琳達認識了陳菊。只要認識陳菊，就一定會認識臺灣所有參與民主運動的人。於是艾琳達認識了陳鼓應、柏楊等人。她開始將政治犯的資料祕密送到日本給梅心怡，甚至召集在臺灣的外國學生成立人權工作小組，也因此名列美國駐臺大使館的黑名單，當然也受到臺灣情治單位的注意。

情治單位的關心導致艾琳達很難在臺灣居留下去。她因此希望能和本地人生小孩，以獲得居留權。她開出的對象條件是曾經受過政治迫害的人；她認為和美國人結婚可以對政治受害者發揮保護的效果，是一舉兩得的行為。有政治犯自動報名爭取和她生小孩，不過她接受陳菊提名的施明德。當時施明德剛出獄，在雲林為蘇洪月嬌助選成功後，正在臺中市當記者。不久之後，雖然感情有波折，兩人還是公證結婚了。婚禮由已經出獄的雷震證婚。

陳菊被逮捕的時候，將一條金項鍊和郭雨新給的薪水一千美元給了艾琳達，艾琳達才有旅費回到美國。她在美國到處演講，聲援獄中的同志。她的母親則辭掉教書的工作，成為專業的救援志工。艾媽媽親自書寫五百封信，寄給和臺灣有生意往來的美國企業；她同時也到國會山莊，敲每一位國會議員辦公室的門。大審判前兩週，艾琳達從美國飛到香港，向駐在香港的各大國際媒體說明美麗島事件，讓他們的報導得以獲得平衡。艾琳達國際媒體戰的成功，讓當時的新聞局長宋楚瑜深惡痛絕，說這完全是「白種人的優越感」。艾媽媽則在飛抵臺北機場後，被國民黨禁止入境，只好飛回香港。艾琳達在一九九〇年解嚴之後回到臺灣，曾經在民進黨中央黨部工作。此後一直居住在臺灣，在臺北醫學院人文社會研究所執教。

一九八〇年二月十九日，軍事檢察官蔡籐雄對黃信介、施明德、姚嘉文、張俊宏、林義雄、林弘宣、呂秀蓮、陳菊八人提起公訴。罪名是觸犯「懲治叛亂條例第二條第一項」之「意圖以非法之方法顛覆政府而著手實行」。也就是一般所稱的「二條一」：唯一死刑。二月二十七日，被羈押審訊整整兩個月之後，八名被告第一次獲准和家人見面。然而第二天，當臺灣社會仍然籠罩在大逮捕的恐怖氣氛中，一件更為驚恐的事情發生了。

二月二十八日，又是二月二十八日，大約中午時刻，林義雄的太太方素敏到景美監獄旁聽調查庭，有人進入她在臺北市信義路的家裡，以利刃刺死林義雄六十歲的母親，以及兩個七歲的雙胞胎女兒。母親身中十三刀，兩個小女孩都從背部被刺進一刀，傷及肺葉。八歲多的大女兒林奐均被刺六刀，傷及肺部和心臟，經過九小時的手術搶救，幸運地存活下來。

案發之後，所有被捕的民主運動人士的家屬立即陷入驚恐，人人自危，沒有人知道誰將會是下一個屠殺的目標。家屬們互相照顧、打氣。這個事件對林義雄夫妻更是嚴酷的考驗，這是一種「不可能忘記、也不應忘記，然而執著卻會帶來自我毀滅」的巨大傷痛。對老婦人和小女孩集體屠殺，實在超越當時臺灣社會所能理解的範圍。名作家三毛這樣寫：

報紙在我身旁，林奐均、亮均、亭均的相片都在向我微笑。他們守寡半生的祖母，躺在血泊裡，死了。一對花也似的美麗孩子，也死了。

我的心，變成了你們死前那一刻的心，我也怕得發抖，怕得不能叫喊，怕得無法動彈，肉體的痛已是極致，你們幼小的心靈，在死前那一刻又是受到了怎麼樣慘無人道的摧殘？這麼想了又想，我這個不認識你們的人，心也碎了。

作家洪素麗在〈洪葉不敢來——紀念亮均與亭均，為了不能遺忘的記憶〉中這樣寫：

祕密懷了一個胎，在一九八〇年初的時候。到了二月底，因為你們的夭亡，我也喪失了我的胎兒。她的名字叫——洪葉。

正午很深很黑的夜，洪葉悄悄細聲對我說：「媽媽，我不敢來。」

「等一下，小乖。等媽媽把這兩幅小木版畫刻好。一幅叫「正午的黑夜」，一個恐怖的屠場。一幅叫「雙胞女孩」。

有過三、四次，洪葉來過數週……還是怯生生地走了。留下一團濃血，未成形的胚胎肢體，以及一句飄渺的悲傷的嬰啼。「媽媽，我不敢來。」

三番幾度，在我熱切祈求盼望下，你悄悄降臨。生澀地向這世界張望一下，投下猶疑的一瞥，終又縮身回去。這麼一個對幼小者、弱小者凶暴瘋狂的世界，確然不適合你，你確實是被嚇著了。我們在人間的情緣，因而無法建立。

兩位作家同時反映臺灣社會受到的震撼。然而最大的挑戰還是在親人身上：如何帶著這樣的傷痛和記憶度過一生？

案發之後，蔣經國的政府立即組成專案小組。不過，調查的方向卻指向爭取民主的陣營。《聯合報》於次日報導說，「治安當局已將陰謀暴力分子製造事端，破壞團結的企圖，列入血案綜合研判的項目之一。」《中國時報》則於數日後報導，「警方專案小組五天來的偵察報告，認為林家事件是經過一次細密策劃的政治暴力行為……國外『臺獨』或『臺共分子』所慣用的伎倆。」《中央日報》甚至報導，「偵辦林家血案的一位高級警官說，本案宣布偵破時，將使某些自命為『英雄烈士』的人大吃一驚，因為他們一向自命為『民主、自由』旗幟下的一群，到頭來卻竟然還是某一集團陰謀下的犧牲者。」國民黨政府一直沒有更改官方說法的主調。甚至在兩年之後，《聯合報》仍然報導，「情治單位經過兩年多的調查分析，前天所下的結論是：林宅血案是有計畫性的『政治事件』，目的在挑撥政府和民眾的情感，並在國際中打擊中華民國的形象。」

事件發生後，國民黨政府不斷製造假新聞，指稱在澳洲拉籌伯大學執教的家博（J. Bruce Jacobs）涉有重嫌。連續數個月，國民黨政府不斷釋放各式各樣的假消息給媒體。許多人認為，國民黨政權有意將血案推到他身上。以當時情況來看，要嫁禍給家博是不可能的。這個謀殺案在國際上引起很大的注意。家博是美國籍學者，美國政府不可能讓它的無辜公民，承擔這件國際矚目的謀殺案。

國民黨政府的主要用意，應該是在混淆視聽、誤導人民，然後讓它逐漸被淡忘。血案發生後，國民黨政府透過《中國時報》發布一則沒有記者具名的消息，指稱林奐均在病床上說：「凶手是常來我家的叔叔。」國民黨政府同時宣稱，不排除是海外的臺獨分子所為。「常來我們家的叔叔」這則假新聞，適切地配合官方的誤導。國民黨政府將家博列為嫌疑犯三個月之久，這期間不斷釋放假消息讓媒體報導，同樣是為了轉移人民的注意力。海外臺獨分子所為的說法，在當時讓人覺得非常荒謬。不過國民黨這樣說或許另有深意，只是當時很少人覺察。

家博是哥倫比亞大學的政治學博士，他博士論文的主題是關於臺灣的鄉村基層政治。為了收集博士論文的材料，他先前曾經在臺灣住了數年。他畢業後到澳洲教書，不過經常利用假期回到臺灣。由於關心臺灣的人權狀況，他和黨外人士有所來往。美麗島事件時，他就在臺灣。血案發生當天的中午，家博打電話到林義雄的家。林太太去景美監獄探視林義雄，家博於是在電話中和兩個雙胞胎姊妹輪流聊了一陣子。掛上電話之前，家博答應小孩子當天晚上到家裡和他們玩。他當天下午有兩個面訪之約：連震東和陶百川。血案就在下午發生。

家博當天晚上去林義雄家的時候，只看到大批警察和新聞記者圍在林宅。他隨即到仁愛醫院探視林奐均，並對辦案的警官說，他當天中午有和雙胞胎通電話，他很樂意提供資訊幫警方判斷血案的時間。第二天，家博到總統府訪問了祕書長沈昌煥。第三天，家博看到《聯合報》第三版的頭條標題：「祕密證人向警方提供線索，全面查詢大鬍子外籍男子。」其中的報導說，一個留鬍子的外國人在血案當天中午曾經到林義雄家。大約一週後，《聯合報》說家博被「列為重要關係人」，而且說他是「神祕人物」。內政部警政署長孔令晟則於三月十五日在立法院表示，有三位證人指稱：家博在血案當天中午到林宅按門鈴，然後在十二點半左右進入屋內。一直到血案發生將近兩個月後的四月下旬，孔令晟仍然公開宣稱家博是唯一的嫌疑犯。孔令晟同時指出兩個疑點：家博是血案當天下午五點或六點半抵達現場？家博為何於一月下旬來臺灣的時候，先去了中國兩天？第一個問題現場的警察就可以回答，而且和案情顯然沒有關係。第二個問題則完全是為了誤導研判凶手的方向，因為家博並沒有去中國。

家博在二〇一六年出版的回憶錄中說，警方在三月十四日向他提議，如果他願意在警方的指導下提出他的證言，政府可以給他一千萬元臺幣，同時讓他立刻回去澳洲。一千萬元在當時是一筆龐大的金錢，我之前一年在大學當助教的月薪才四千多元。家博回答說，真相是免費的。可惜家博拒絕之前，沒有先瞭解警方到底要他說什麼。我們不知道國民黨政府希望家博說些什麼，不過我們難免好奇：如果政府沒有涉入這件謀殺案，它為何須要用重金購買家博的虛假證詞？

在拒絕國民黨政府的重金收買之後，家博開始他在臺灣的「重大嫌疑犯」日子。他在三月下旬收到檢察官的傳票，報到時間是次日下午兩點半，案由是「謀殺案」，身分則是「被告」。家博在報到前的中午舉行中外記者會，總共來了一百多名記者。他在記者會上說：「我不知道報到之後能不能再看到各位。所以我要強調，未來如果有我的自白書，那絕對不是我寫的，而是被逼出來的。我現在非常健康，如果未來我的身體變差，你們可以比較看看，也可以瞭解到底發生什麼事。」

一直到五月下旬，他才終於獲准回到澳洲。這期間他受到警方嚴密的「保護」，一直有人護衛他、或跟蹤他；有一段很長的日子甚至被迫和保護他的警察，一起住在圓山飯店地下室一個沒有窗戶的房間裡。

人民的看法和國民黨政府極為不同。進入現代社會八十年來，臺灣並非沒有過命案，或仇殺、或情殺、或謀財害命、或黑社會火拚，可是對柔弱的老婦人和小女孩集體屠殺，實在超出臺灣社會的想像。歷經數十年的白色恐怖，許多人認為這是政治動機非常明顯的冷血謀殺，凶手的來源非常清楚。數十年來，情治單位對政治異議人士嚴密監控，是一般的政治常識。民主運動的領導人被逮捕之後，其家屬也都發現情治人員對其人身和居所如影隨行的監控。什麼樣的人物有本領在嚴密監控下，在白天的鬧區中從事如此高風險的行動？

檔案顯示，就在命案發生前五天的二月二十三日，警備總部行文給國安局、調查局、憲兵司令部、警務處以及該部所轄等二十個情治單位，要求執行「一二一〇專案後期治安特別措施」。一二一〇是美麗島事件發生的日期，「特別措施」的目標是：在審判美麗島人士期間，防止任何抗議事件的發生。方法則是：「運用警戒、管制、檢查、監偵、巡邏、掃蕩、取締諸手段，消弭危害治安因素，以摧毀敵人暴力破壞及顛覆之陰謀。」

警備總部該份公文要求調查局：「對陰謀分子、偏激師生，嚴密監控，視狀況疏導約制，防止其不法聲援。」「對同情案犯之人士，協力監控，視狀況疏導約制，防止其醞釀不法活動。」憲兵司令部被交代的任務是：「加強對陰謀分子嚴密監控，視狀況疏導約制，防止其不法聲援。」警務處與臺北市、高雄市警察局的任務，除了「對轄內同情嫌犯分子，加強掌握，防止不法活動」之外，包括：「對陰謀分子、監考管分子、流氓幫派與嫌犯家屬，督導所屬嚴密監控、疏導與防止進行不法聲援活動。」警備總部的保安處則負責：「切實掌握國內陰謀分子、嫌犯家屬及監管目標之動態，及時協調疏處，防止串聯活動。」各地區警備司令部的任務同樣是：「協調境內情治單位，加強陰謀分子、**嫌犯家屬之監控，疏導及防制其不法活動。**」（引文黑體字為作者所標）

這份檔案清楚顯示，嫌犯家屬受到數個情治單位重複監控，以達到警備總部「嚴密監控」的目標。我們有理由假設，血案發生那一天，當方素敏女士到監獄探視林義雄的時候，也就是血案發生的時候，她的住宅處於情治單位的監視之下。姚嘉文的太太周清玉女士的經驗，也支持這個論點。

周清玉女士於二〇〇九年向筆者表示：姚嘉文被捕之後，她和女兒一直被跟監，甚至在學開車的時候，都有一部車尾隨。她疑問說，如果不是二十四小時監控，如何在她們外出時加以跟蹤？有一次她回家開大門的時候，一名陌生男子竟然趨前詢問她是何人，為何進去這個房子？她表明身分後，該男子才離開。這件事讓周女士難以忘懷；因為監視她房子的人竟然不認識她本人。這顯示的重要事實是：當她外出的時候，居所仍然受到監視。

方素敏女士也說過，林義雄被逮捕之後，她經常一打開大門，就會看見對面巷口有不明人士徘徊，而且對她注視良久、觀察其舉止。方女士說，這些監視的人中，有部分貌似至家裡逮捕林義雄的人。而且，許多到家裡探視的客人，事後都接到治安單位關切的電話。

當時美麗島人士的家屬，都受到情治單位的嚴密監控。這是許多和黨外運動有接觸的人，都知道的事。專案小組不但沒有約談當時的情治人員，甚至也沒有詢問被監禁者的家屬們。他們其實最有資格回答這個問題。

當時許多人排除情治單位所為的可能性。因為，政府怎麼可能殘殺無辜的婦女和小孩？國民黨政權怎麼可能笨得傷害自己統治的正當性？四年後，最高情治首長派出殺手到美國槍殺作家江南曝光之後，人民終於不再排除政權下令殘殺林義雄家人的可能性。

將近四十年後的二〇一七年，呂秀蓮在一個研討會上說，她擔任副總統的時候曾有一位情治人員告訴她：屠殺林義雄的家人是為了報復美國臺獨聯盟企圖謀殺王昇兒子。林家血案發生之前十天，王昇的兒子王步天在美國洛杉磯的住宅被放置炸彈，王的兒子雖然當時在家卻躲過一劫。如果這個說法屬實，國民黨在血案發生之初立即說是海外臺獨所為，顯然意有所指，也有警告的意味。

王昇在贛南時期就追隨蔣經國，來臺灣之後為蔣指派創立國防部政治作戰學校。一九六〇年他被調到國防部總政治作戰部，五年後成為該部主任。白色恐怖期間，政戰部負責軍隊的保防，以及監督、考察軍人的政治思想；它又經常積極地發動宣傳戰，打擊國內的敵人——臺獨分子和主張民主的分歧分子。王昇因此被視為國民黨政權中強硬保守派的領導人和象徵。

後來陳水扁總統和馬英九總統都曾經對這個案子「重啟調查」。然而這兩次調查都只是虛晃一招、敷衍了事，都只是對以前的調查紀錄重新檢視。這兩位總統「重啟」的調查，不但沒有偵訊當時負責監控的情治單位，甚至沒有詢問被告家屬當時是否受到監控。當民間都懷疑是情治單位所為，當這樣的懷疑非常合理的時候，三位總統都沒有意願將調查方向指向情治單位。李登輝和馬英九不願這樣做可以理解，畢竟這是他們所服務的政權。陳水扁的消極就比較需要解釋，目前我們沒有答案。

7 俘虜、刑求、自白

將警民衝突改造為「武力顛覆政府」的計畫，因為證據薄弱，唯一的方式就是讓被告自白他們在叛亂。為了讓被告自白為叛亂分子，刑求成為必要。刑求是人類政治生活中最為陰暗的一面。所有被逮捕的民主運動者，不論後來經由軍法審判或一般法庭審判，面臨的第一項考驗就是刑求，然後才是審判。

刑求解放了刑求者心中最殘暴的部分，同時也摧殘了被刑求者人性中最脆弱的部分。從納粹集中營生還的比利時反抗軍成員、後來成為哲學家的阿梅立（Jean Améry），根據他在比利時碉堡被納粹刑求的經驗寫了〈刑求〉這篇文章。他在文章的結尾說，「任何被刑求過的人，一生都處於被刑求的狀態。曾經被刑求擊潰的人，再也無法安適地活在這個世界。人性被摧毀的恥辱，永遠無法抹除。」或許這也是為何他離開集中營將近三十年之後，仍然選擇自殺的原因。同樣從集中營生還的義大利化學家李維（Primo Levi）深感同情，因為「對他而言，刑求乃是一個無盡無邊的死亡」。後來李維也自殺了。

而那些刑求者到底是什麼樣的人？他們真的只是「平庸的邪惡」之人嗎？當他們對同胞做出殘酷的傷害時，他們自己的心靈受到何種影響？

從古希臘時代開始，經過羅馬帝國、中世紀的黑暗時代到現代，刑求一直是政治工具的一部分。兩千多年來，人類發展出各式各樣的方式來折磨、摧殘同類和同胞。對戰俘或恐怖分子刑求，是為了獲得資訊。不過，更多時候刑求是為了懲罰反抗者，或警告潛在的反抗者。耶穌臨死前遭受的刑求，是歷史上最有名的案例。

耶穌被處死之前，和所有的死刑犯一樣受到殘酷的鞭打。鞭子由皮革製成，每一條皮線上都綁著小鐵球或羊骨頭碎片。犯人兩臂張開被綁在木架上。衣服褪去之後，由兩位士兵輪流從後面鞭打背部、臀部和大腿。鞭打的數目不定，原則是在犯人昏迷或死亡之前停止，以免犯人感受不到疼痛。皮開肉綻之後才釘上十字架。鐵釘的長度大約十三到十八公分，通常釘在手腕，而非手掌。釘上十字架之後，通常是三、四小時之後斷氣，有些人則撐至三、四天，視先前鞭笞受傷的程度而定。這期間，蚊蟲會飛到身上吸食血液，或啃食敗壞的組織。如果犯人支撐太久，士兵會斬斷犯人的小腿讓他們迅速失血而死。如此殘酷的刑求、殘忍的死刑方式，都是為了警告和處罰。

另一個刑求的類型，則是強迫俘虜叛離原有的宗教信仰或政治信念，公開宣示皈依刑求者的宗教、或效忠刑求者的政權。將刑求當作審判的重要程序，中世紀的宗教審判是最典型的例子。十五世紀末兩位德國學者受教宗請託，寫下一本被宗教法庭尊為經典的指導手冊。他們在書中建議，對任何有女巫嫌疑的人都必須加以刑求。「如果他們在刑求下招認，那就顯示刑求是有效的審訊工具。如果他們被刑求仍然不招認，就顯示他們真的是女巫，否則怎麼可能忍受如此痛苦的刑求還不招認？」

對美麗島民主運動者的刑求，部分原因是為了處罰。某些偵訊人員在毆打被告的過程中，嘲諷其為「民主鬥士」，顯示了刑求者對反抗者的仇視。不過，對美麗島人士刑求的主要原因，還是為了獲得虛構的自白。幾乎所有被逮捕的民主運動者都受到不同方式的刑求，其中最共同的經驗是疲勞審訊，也就是一般所說的「剝奪睡眠」。

美麗島審判開庭第一天，黃信介是第一位出庭的被告。他在審問時就表示，他的自白書是因為無法承受疲勞審訊的結果。指控黃信介和北京政府勾結的唯一證據，是他本人在情治機構中所做的自白。黃信介說，他在調查局五十天，偵訊時間很長，有時長達五、六十個小時沒有睡覺。根據「警備總司令部軍法處審理筆錄」，針對黃信介受刑求取供的宣稱，以預官役擔任軍事檢察官的林輝煌，隨即起立發言「堅持（他的自白）出於自由意志」。

幾乎所有被逮捕的人都受到類似剝奪睡眠的刑求。林弘宣在言詞辯論庭上說，「被捕後經七、八十小時疲勞審訊……有些自白不符合調查人員意思，他們就把它撕掉，要求我照他們意思重寫。聽他們的就可以活，不聽他們的就會死。」邱茂男說，他前五天沒有睡覺，後五天每天只睡一小時。王拓七天七夜只睡一小時。紀萬生連續五天沒有睡覺。邱垂貞連續十天坐在椅子上。蔡有全說，他足足六天五夜沒有睡覺。

剝奪睡眠不會因有外傷而留下證據，所以普遍為偵訊者喜好。疲勞審訊雖然不會帶來肉體的痛苦，可是和肉體的折磨及痛楚相較，其實沒有更好受。擔任過以色列總理的比金，出生於白俄羅斯，在波蘭接受教育。他在二次大戰期間曾經被蘇聯軍隊逮捕入獄，後來在著作中提及監獄裡的刑求經驗。他說，一些非常強悍的戰友，雖然能成功忍受極端殘酷的刑求而沒有崩潰投降，可是在被剝奪睡眠之後都失去了抵抗意志。「感覺昏眩茫然，他精神耗盡到快死掉，他雙腳軟弱，他只有一個欲望：睡覺。睡一下也好，不要起來，就躺著，忘記一切。任何曾經有過這種欲望的人都知道，饑餓和口渴根本不能和它相比。我遇見不少囚犯，他們願意簽下任何的自白，只要能獲得偵訊者答應他們的東西：不是自由，不是食物。他答應給他們——如果他們簽名的話——不被打斷的睡眠。然後他們就簽了。而一旦簽了之後，世界上再也沒有任何東西能讓他們冒險，重新經驗這種被剝奪睡眠的夜晚和白天。最重要的事情就是：睡覺。」

另外一種刑求方式同樣不會帶來肉體的痛楚，不過同樣對心靈造成巨大的創傷：模擬死刑。以模擬死刑來恐嚇俘虜，是一個普遍的刑求方式。俄國作家杜斯妥也夫斯基在帝俄時期，就曾經遭受這種殘忍的恐嚇。一位以色列士兵曾經報導他們如何用模擬槍決來凌辱一個阿拉伯人。他們將他的眼睛蒙上，要他跪下，舉槍頂住他的額頭，然後扣下扳機：喀擦一聲，沒有子彈。不過阿拉伯人已經嚇得尿溼了褲子。當以色列士兵將阿拉伯人的眼罩解開，他馬上撲在地上親吻士兵的鞋子，感謝他饒他一命。士兵卻輕蔑地一腳將他踢開。美軍在伊拉克對囚犯的刑求，也經常包括模擬死刑。

美麗島被告遭受的死刑威脅並沒有這麼直接，不過對心靈仍然是殘忍的傷害。呂秀蓮的哥哥呂傳勝是她的辯護律師；他去監獄會談的時候問妹妹，有沒有受到刑求。呂秀蓮先是痛哭，然後問她哥哥有沒有開收據給調查局。

「什麼收據？」

「領屍體的收據啊。」呂秀蓮說，她被疲勞審訊整整一個星期之後，情治人員拿出一張收據告訴她，「你哥哥已經找好墓地了，你的墳墓也蓋好了，這就是你哥哥領屍體的收據。」

呂秀蓮說在監禁的房間裡，常聽到外面劈劈啪啪的聲音。審訊人員告訴她，「這些槍聲就是施明德被槍斃的聲音。你簽自白書，就讓你一槍斃命。不簽的話就多打幾槍。」後來又聽到槍聲，他們說，「這是姚嘉文被槍斃，他不承認，所以就挨了六槍。」呂秀蓮後來回憶：「他們拿吳泰安被槍斃的屍體照片給我看。還對我說，『眼睛睜大一點，仔細瞧瞧，這叫作血饅頭，要不要吃？這就是你的下場。』」「像吳泰安這樣赤裸上身的死法，對女孩子不太好看吧。」

紀萬生的經驗有些類似杜斯妥也夫斯基，只是沒有面對行刑隊。審訊人員告訴他將要被槍斃後不久，有一天晚上將他帶出去，要他面對圍牆，罰站許久之後，情治人員拿出相機拍攝他的正面和側面，像是在拍槍斃前的遺照。之後，又將他帶回牢房，要紀萬生感謝他們不殺之恩。

除了死亡的威脅，另一個更令人無法承受的是對親人的威脅。這是史達林讓他的革命同志，在法庭上承認罪行的利器。在一九三八年轟動世界的審判秀中，被列寧稱為「革命金童」的布哈林，為了年輕妻子和小男嬰的安全，「承認所有反革命組織所為的總體罪行，不論我是否知道其存在，不論我是否參與。」布哈林當然不知道，殘酷的史達林不會遵守承諾。政治犯的親人通常都會被槍斃。不過，史達林有時候會留下活口，以便需要的時候可以隨時用來充當政治工具。布哈林被槍決後，妻子此後二十年間不斷在監獄、勞改營和西伯利亞流離；他們的兒子則改名換姓，不是被人領養，就是在孤兒院求生。

為了保護親人而願意承擔痛苦，這是人性的偉大處，也是其弱點。所有的獨裁政權都會利用這種人性的偉大弱點。張俊宏在辯論庭上說，「自白中長短程計畫，是我在最脆弱時簽下來……他們說，我頑強、不讓步。如不簽，要抓我妻子和妹妹。我不忍心他們進來，所以我就簽自白了。」

剝奪睡眠造成精神耗弱、心理迷惘，如果再加上死亡的威脅，這些壓力超出一般人可以承受的程度。

除了剝奪睡眠，最常用的刑求是毆打，從最輕的打耳光到對肉體無法復原的傷害。很多人會認為，打耳光和沒有造成傷痕的毆打，根本不算刑求。比利時反抗軍阿梅立如此描述他在監獄中被毆打的心情：

輕微的毆打和真正的刑求，簡直無法相比。它不會引起一般大眾太激烈的迴響。不過對於承受它的人，這個經驗仍然留下深刻的痕跡……第一擊立即讓囚犯體認到他的無助，也體認到將會有其他的動作跟隨而來。在監獄裡，囚犯對刑求和死亡知道甚詳，隨著輕微的第一擊，他們預期刑求和死亡已不只是可能，而是非常確定。他們可以打我的臉，表示他們可以對我做任何的事情。

在第一擊之後，囚犯失去了身為人的尊嚴……我很確定，囚犯在遭受第一擊之後，他失去了我們稱之為「對世界的信任」。信任世界的元素之一是，我們確定別人會尊重我們的身體。我身體的領域也就是我的自我領域……打耳光就像強姦一樣。

幾乎所有被逮捕的民主運動人士，包括陳菊、呂秀蓮、王拓，在偵訊過程中都曾經被打耳光。想像：你被陌生人隨便打耳光，無法反抗，甚至無法抱怨。經由司法審判的許多人，甚至被罰跪。想像你遭遇這種凌辱時的心情。我們大多數人都沒有遭受過這種侮辱，不過卻不難想像可能會有的受踐踏感。

除了打耳光、罰跪，審訊人員有很多方式可以凌辱囚犯。陳菊回憶說，「有一次我要上廁所，他們說：『先寫了再去上』。」陳菊說，「連上廁所也需要用哀求的。」所有刑求方式的核心目標，都是讓被刑求的人完全地依賴刑求者。許多教導刑求的手冊都指示：必須讓受刑求的人感到完全的無助，完全地依賴刑求者。

除了讓受刑求者完全的無助、完全的依賴，剝奪受刑求者生理需求的另一項作用是：讓受刑者失去人的尊嚴。當人失去尊嚴，就容易順服不反抗。摩爾的《不義：服從和反叛的社會基礎》一書試圖解釋，為何被壓迫者或被壓迫階級經常臣服而不反抗。他認為其中一個重要因素是：被壓迫者長久失去、或被剝奪了自尊。例如印度的賤民階級長久以來自認為汙穢和低賤，以前上街的時候甚至必須隨身攜帶掃把，將自己走過的路清掃乾淨。美國黑人民權運動的口號「黑色是美麗的」，也是在恢復黑人的自尊。納粹在集中營裡就常用禁止上廁所、或故意讓數千囚犯共用一間廁所來凌辱犯人，讓犯人失去人的基本尊嚴。食物、睡眠、排泄是人的基本需求。獨裁政權用剝奪這些基本需求的方式，來處罰不服從的人，更進一步瓦解他們的反抗意志。

陳菊常因為不配合審訊人員的要求，而被面對牆壁罰站。她說，「如果你是一個沒有政治鬥爭經驗的人，你或許就會崩潰，好幾年可能都沒有辦法恢復在人格所受到的摧殘。」當呂秀蓮對審訊人員的提問回答「不知道」，審訊人員要呂秀蓮在十行紙上寫「我不知道」，然後逼她將那張紙吃下肚子。除了罰站，呂秀蓮也被強迫吃下兩人份的飯菜。她說，「我其實是在吞嚥、蹂躪我自己的人格。」「那些日子帶給我永不可磨滅的恐怖和屈辱。」

張俊宏說，他受過刑求之後才瞭解為何資深的政治犯謝聰敏說，「如果要我重新選擇，我寧可選擇警備總部，讓他們把我的筋骨打斷。我不要選擇調查局，把我生命毀掉。」張俊宏的感觸是，「打斷筋骨是一時的，毀掉你的尊嚴和生命是一世的。」他說：

（疲勞偵訊）確實會讓你痛不欲生。我可以想像到邱奕彬，要是沒有耐性，確實會想自己解決，讓你發狂到想要咬斷自己舌頭的程度……起初還清醒時，在那裡畫記號。到後來意識整個模糊，畫不下去。因為沒睡覺的偵訊，模糊的記憶至少有一兩個星期。就像索忍尼辛《古拉格群島》所寫的，到最後恍惚狀態，眼睛閉起來，想到什麼人，什麼人就活著出現。確實如此，眼睛一閉，最想念的人就出現了。我是坐牢前受過最多前置教育的一個。我接觸的政治犯最多，接受他們的教育……

所以在偵訊時期脫線最少……在牢中極度饑渴之中，稍露誘餌，那是真正的迷人……處在那個孤單、寂寞，一切都絕望，跟外界完全隔絕的環境裡……你會幻想偵訊人員的欺騙會實現，也許明天就送我回去，我可以擁有我的家，小女兒讓我抱，還可以到省議會去質詢。一千個絕無可能。可是我仍然懷著一個不可能的希望。

刑求者對這些社會知名人士、甚至是社會所敬重的人物，在人格和尊嚴上加以摧殘，到底只是為了讓他們順服地簽下自白書，還是在發洩自己的虐待狂本能？又或者是在摧毀他們眼中的政治敵人？如今我們無從得知。

心靈的摧殘難以忍受，肉體的痛楚同樣令人驚懼。被逮捕的民主運動者，許多人除了睡眠被剝奪，肉體也遭受嚴厲的傷害。

蔡有全回憶，一被送進調查站，「他們就問：『是不是民主鬥士？』我不回答，他們就開始打我。一組六人，共有兩組。」「偵訊二十多天，我被打得全身都受不了。那時感冒又咳嗽，稍微咳嗽整個胸部就像要裂開。臉上則是被打得烏青血腫，沒有一處完好。」

所有被逮捕的美麗島人士當中，紀萬生老師或許被毆打得最嚴重。他原本是南投埔里中學的國文老師，因為屢被安全人員騷擾，乾脆辭去教職，蓋房子販售以維持生計，同時也專心投入民主運動。所有被逮捕的人在前一天就受到緊密監控，他太太準備了五萬元給他逃亡之用。可是他並沒有逃亡。他說因為他當時想到譚嗣同。清末戊戌政變失敗後梁啟超要譚嗣同逃跑，譚嗣同不願逃，說改革需要有人流血，後來果然被砍頭。紀萬生說，「當時我內心充滿英雄氣慨。」他的罪名是在高雄暴動中「暴行脅迫率先助勢」，後來被判刑四年六個月。他出獄後不改本色，一直堅持原有的價值和理念，不斷公開批評民進黨政治人物失去理想。

根據紀萬生的口述，他被逮捕的第二天就被送進警備總部。抵達警備總部之後，手銬尚未解下一群情治人員就圍過來毆打他，邊打邊說，「紀萬生，幸好你這次叛變沒有成功，如果你成功，就換成我們被你抓起來了。」這正反映出情治人員的心態：政治就是暴力的對抗，贏者凌辱敗者理所當然。

一陣毒打之後，紀萬生被帶到地下室，九天不讓他睡覺。忍不住睡著，就被冷水潑醒，毆打胸部，導致他的胸部痛了半年。這期間審訊的人要他寫遺書，又告訴他，他最疼愛的小女兒在學校因為被同學辱罵而失蹤了。如果願意合作，馬上放他回去尋找女兒。情治人員不斷要他回答，「張俊宏說要大家來搞臺獨，有沒有這回事？」紀萬生終究沒有合作。他曾經在刑求過程中陷入昏迷，醒來的時候，發現軍醫正在檢查他的身體。醫生出去的時候告訴情治人員，不能再用刑了。情治人員故意大聲回答讓他聽到，「我們這裡常死人。」

紀萬生和林義雄的遭遇有些類似，被情治人員用香菸燙身體。將點燃的香菸在犯人赤裸的胸膛上擰熄，是二次大戰期間納粹常用的初步刑求。紀萬生說，香菸燙其實不是很痛，因為香菸會熄滅，忍一下就過去。如此強忍痛苦，反而引起情治人員的不滿，「你是麻木不仁，還是想當烈士？」他經常被打得耳朵、鼻子都流血。情治人員的拳頭也流血。他後來接受《華盛頓郵報》的訪問時說，情治人員甚至在他的衣服上擦拭他們沾滿鮮血的拳頭。

《美麗島》的執行編輯陳忠信回憶說，有一次被換到新牢房的時候，剛踏進房間就聽到有人叫他名字。他回頭一看，是一個他不認識的陌生人。對方說，「是我啦，紀老師啦。」原來是老朋友，但整個臉和五官都已經變形，他完全不認識了。另外有一次紀萬生被送錯牢房，一位長老教會的獄友也認不出他。後來發現是他，因為他的模樣而痛哭失聲。

當時民間對於美麗島人士所受的刑求，議論紛紛。其中最受到關注的是林義雄。當其他被告在法庭上說，他們除了被疲勞審訊剝奪睡眠之外，沒有遭受其他刑求，林義雄說，「非常羨慕他們。」林義雄交給法庭的一份備忘錄中，提到被刑求的細節。連續大約十天，情治人員對他拳打腳踢，「打的部位是上耳、前胸、腹部、後背，腳踢主要是踢小腿和腹部，有時也用香菸燙我的臉、燒我的鬍子……過了幾天，大部分的傷痛已經消失，但是左胸疼痛難忍。」

母親和兩個女兒在家裡被屠殺之後，林義雄獲得短暫的假釋。康寧祥在醫院看到他傷痕累累，第二天特別帶了相機將林義雄身上的傷痕拍下來。康寧祥將相片交給吳三連。吳三連是雷震自由中國組黨運動的參與者之一，後來專心經營企業和媒體，黨政關係良好。吳三連看了相片之後不禁掉眼淚，並且將相片交給蔣經國的總統府祕書長蔣彥士。蔣彥士有沒有轉交給蔣經國，不得而知。掌管情治系統多年的蔣經國，對這類事應該毫不陌生。而且，蔣經國難道會不知道：要將警民衝突升級為武力顛覆政府，除了用刑求來取得虛假自白之外，還有其他方法嗎？後來法庭的判決書，定罪的重要基礎就是被告的自白。

林義雄後來在辯論庭上斥責檢察官，讓情治人員來偵訊他、刑求他。「公訴人已經怠忽了國家所賦予的神聖職務，未盡到公務員應盡的責任。在這裡我要很沉痛地說，如果公訴人在這次審判後，還未考慮辭職的話，我想送給公訴人一句話：『公門好修行』。請公訴人再三想想這句話。」

林義雄說完之後，他所斥責的軍事檢察官之一的林輝煌立即起立，向林義雄鞠躬之後說，他和庭上一樣懷著「哀矜勿喜、公正無私的立場來執行職務」。他表示，在偵訊期間因為長久的相處，和被告已經建立感情。「但是我們今天所面對的是國法，而不是感情……民主政治的精義就是以數人頭來代替打破人頭，但是被告等卻還在人權紀念日發生打破人頭的暴力事件。」至於林義雄所指責的讓情治人員對他加以刑求，林輝煌檢察官的答覆是：在刑事訴訟中「被告一向都主張自己無罪」。至於被告所陳訴各點（刑求問題），請庭上「一併斟酌，由鈞庭根據證據認定事實，形成正確心證，做公正的裁決」。軍事檢察官林輝煌既不否認、也不承認他讓情治人員偵訊林義雄。他也不敢承諾，辯論庭結束後會追查林義雄是否受到情治人員刑求。他將釐清真相、保護司法正義的工作，全部推給了審判官。

另外移送一般法庭審判的被告，處境並沒有比較好。三十三名被告中有二十二人在法庭上宣稱受到刑求。疲勞審訊是他們共同的經歷。除此之外，有人「被打頭、打嘴巴、抓胸和肩膀」（周平德），「被強壓下跪」（楊青矗），「拔頭髮、罰跪」（范政祐），「打耳光」（王拓）。再一次，想像一位知名作家被陌生人任意打耳光，不得抱怨、不得躲閃、不得反抗。

除了罰跪和打耳光這些傷害心靈的行為，紀萬生和林義雄所受的肉體殘害，其他人也都或多或少承受過。

「打得口吐鮮血、下體流血。」（吳振明）。

「遭受十幾個情治人員輪流猛毆。胸部、腹部遭痛擊，兩個星期都呼吸困難。他們要我半蹲，踢我的腳，把頭抓去撞牆壁。」（蔡有全）

「罰我跪在兩個印章上，一個膝蓋各一個，痛得要死。頭頂一本電話號碼簿，雙手高舉另一本電話號碼簿，舉久後酸得要死。檢察官和書記官用腳踢我的臀部給戴振耀看，威脅他。」（劉泰和）

「把我全身衣服剝光，只剩一條內褲，冷得要死。」（余阿興）

「被罰半蹲，用扁擔打我屁股，打得我尿水都流出來，扁擔也打斷了。罰我跪著聽他們訓話至少一小時。」（劉華明）

「我有嚴重的胃病，十天不准我睡覺，使我吐血，連筷子都拿不住。他們告訴我呂

秀蓮已經槍斃了，第二天就要槍斃我。」（邱垂貞）

「用皮帶抽打我，罵我是蔡家敗類，威脅要將我倒吊灌水。」（蔡精文）

「一直用騎機車的姿勢半蹲罰站，站不穩就用腳踢我。」（許淇潭）

「打了十八小時，雙手反扣，拳打腳踢，幾個月後背部還在痛。」（李長宗）

「在臺中縣警察局，他們要我脫衣服，大寒流天氣我冷得發抖，我有心臟病，他們還用冷水潑我。」（陳慶智）

在剝奪睡眠、人格侮辱、和嚴酷肉體傷害的共同作用下，幾乎沒有人可以免於崩潰。刑求的直接後果就是期待死亡。如果死亡不可能，就期待瘋狂。可是進入瘋狂也無法自我控制。

阿根廷一位新聞記者在「骯髒戰爭」期間，被軍人政府逮捕。他描述自己受到刑求後的心理狀態：

除了自殺之外，另一項誘惑就是瘋狂。這是我歷經三十個月的監禁和毆打之後，僅有的兩個誘惑，或者兩個情緒。

當自殺的可能性不存在，剩下的誘惑就是瘋狂。是的，瘋狂的誘惑，雖然人無法像控制自殺那樣控制瘋狂。你只能等待瘋狂，想著說它或許會來。你必須嘗試屈服於它，然後它或許會將你吞沒……如果瘋狂最終沒有來臨，你的無助就成了終結。你的屈辱將大於被無聲、無影的陌生人，從身後用力踢踹。是的，沉靜的處罰往往被瘋狂所誘惑。然而瘋狂卻不可得，你可能等不到它。有一天晚上，在刑求之後我等它等了整個晚上。我等著瘋狂來保護我，可是它一直沒有來。

和許多人一樣，陳菊在審訊刑求的過程中也想到死亡、期待著死亡。「死亡在那時候竟是一種解脫，有著一種幸福的感覺。有人甚至對死亡懷抱著渴求，」她這樣回憶當時的心情。

其中真正將死亡付諸實施的是邱奕彬。高雄事件當天晚上邱奕彬並不在高雄。不過，他是中壢事件選舉舞弊的重要證人。國民黨政權對他顯然懷恨不已，如今是報復的時機。他說：

在警總被偵訊幾天之後，我也不曉得是否已經精神分裂。冥冥中看到全家都被殺掉。以為我妹妹也被抓進去，被丟到鍋子裡煮熟了。他們還切她的肉吃。我還看到我兒子，他們用槍瞄準他的睪丸，一槍把他打死掉。那些影像歷歷在目。我懷疑他們在我腦裡裝了機器或晶片。我出來後，還要醫生檢查我的頭皮。

兩個月都處在這種殘酷的心理狀態，死亡成為解脫。於是他咬舌自盡。「我要咬舌自殺前，把文天祥的〈正氣歌〉背出來，警總的人很驚訝。」他咬舌後，警備總部立即將他送往醫院急救，將他的舌頭縫回去。出院後將他送回監獄，直到痊癒才讓他回家。

可以對人類同胞做出如此殘忍行為的人，到底是怎樣的一群人？他們刑求同胞之後回到家裡，如何面對自己的孩子和妻子？對人性悲觀的人認為，每一個人，或至少許多人，內心都有著殘酷的因子。「在人類的內心深處，存在著凌辱、虐待、傷害、及殘殺人類的衝動。」他們的職務剛好讓這些衝動獲得發洩的機會。

有人則以阿根廷「骯髒戰爭」期間的大量逮捕和刑求為例，指出：殘酷的刑求行為的驅動力不是人性，而是社會和政治情境。政治因素是意識形態。由於軍隊、警察、情治人員被灌輸的意識形態，讓他們認為刑求敵人是在為國家服務。情治人員在刑求美麗島人士時的語言和態度，也顯示他們認為所刑求、所傷害的對象，都是臺獨分子、都是黨國的敵人。

引導刑求行為的另一個因素則是社會支持。在「骯髒戰爭」期間，刑求者發現不只他們的上級鼓勵他們，甚至司法界、醫療界、媒體和宗教界都支持他們。阿根廷軍方的教士在宣道的時候說，「和游擊隊的戰爭是為了阿根廷共和國，是在保衛道德和人類的尊嚴，最終則是在保衛上帝。」負責將大學生人犯丟到大海裡的飛行員，每次任務結束之後都從神父獲得良心的安慰。有一位刑求者向神父告解，問神父他是否做了錯誤的行為。神父回答說，「如果你為了醫治病人必須動手術加以截肢，你就不應該介意病人的外表。」當時臺灣的學者、新聞記者們對美麗島事件的撻伐，或許也為刑求者提供了堅強的社會支持，讓他們無愧於心地去刑求這些叛徒。

不久之後，所有被逮捕的民主運動人士在心靈和肉體都尚未完全恢復的情況下，被送上了法庭，接受另一個考驗。

8 公開審判、全民旁聽

經過兩個多月的監禁和偵訊，被告們的自白全部製造完成。軍事檢察官根據這些自白寫好了起訴書，於二月二十日交給每一位被告。另一個戰場的戰鬥即將開始。

以被刑求之後提出的自白為基礎，軍事檢察官的起訴書為被告建立了三項罪行：

一、和北京政權共謀
二、和海外臺獨共謀
三、有武力顛覆政府的犯意和行為

這三項罪行當然都純屬虛構。頭兩項罪行明顯衝突，卻符合國民黨政權一貫的宣傳：海外臺獨、北京政權、和黨外三位一體。因為純屬虛構，所以要讓劇本合情合理有其困難。

軍事法庭將起訴書交給被告的第二天，警備總部發言人宣布：審判將對社會公開。根據一九六七年的《軍事審判法》第五十三條，「軍事審判應公開行之。但有關國防機密及軍譽之案件，得不公開，並宣示其理由。」軍事法庭公開審判是通則，不公開是例外。不過，國民黨的統治經常讓例外成為通則。因為過去二十年間軍事審判從來沒有公開過，被告家屬和關心的各界人士才會要求公開審判。警備總部發言人的宣布，確實引起了社會廣大的關注。他同時表示，希望被告家屬在七天之內聘請辯護律師。其實在他宣布之前，律師團早已安排就緒，並完成分組。

美麗島民主運動人士被逮捕不久，部分家屬就開始接洽辯護律師。後來加上張俊宏太太許榮淑的奔走，張德銘律師的協調，很快組成律師團。組成之後，律師團每天晚上在陳繼盛的律師事務所開會，討論案情及辯護策略。陳繼盛律師是臺北自由派律師的領導人，曾經促成組織「青年律師會」。該會的成員被稱為「三臺律師」：臺灣人、臺大畢業、臺獨傾向。

律師團的成員和分組包括：張政雄、江鵬堅（為林義雄辯護），謝長廷、蘇貞昌（為姚嘉文辯護），郭吉仁（為張俊宏辯護），尤清（為張俊宏和施明德辯護），鄭勝助（為施明德辯護），張俊雄、李勝雄（為林弘宣辯護），鄭慶隆、陳水扁（為黃信介辯護），呂傳勝、鄭冠禮（為呂秀蓮辯護），張火源、高瑞錚（為陳菊辯護）。總共十五位律師，全部是臺灣人，其中十三人為臺大法律系畢業，平均年齡四十歲左右。這十五位辯護律師中，有七位後來投入選舉。郭吉仁律師雖然沒有參與選舉，卻在幕後推動勞工運動，幫助成立「勞工法律支援會」。可以說，半數的辯護律師成為民主運動的後繼者。

軍事法庭的檢察官除了林輝煌是中興大學法律系畢業的預官，其餘都是政治作戰學校法律系的畢業生。兩邊的素質顯然有所差異，工作上的磨練也明顯不同。軍事法庭一向違法不公開；即使有辯護律師或公設律師的存在，軍法官在法庭上也很少受到挑戰。如今審判公開，面對一群素質遠為優秀的辯護律師，軍法官的不稱職立即顯露。

除了辯護律師，被告當中還有兩位臺大法律系畢業的律師，他們讓軍法官經歷未曾有的難過。被告姚嘉文被審訊的第一天，就屢屢挑戰審判長主持審判不符合法定程序。審判長在法庭上被姚嘉文弄得非常難堪，中午休息時間去牢房看姚嘉文，對他說，「在法庭上要多多合作喔。我會盡量幫你們的。」姚嘉文回答，「你哪有什麼權力幫我們。要怎麼判，不是你可以決定的。」「態度合作總是有利的，不要再挑剔我的審判指揮了，」審判長這樣說。後來兩人談得不歡而散。根據蘇貞昌的回憶，有次開完庭後審判官宣布退庭，可是忘了宣布被告還押。姚嘉文坐著不走，憲兵要押他走，他就是不走，說，「審判長沒有裁定。」

不只審判官被嘲弄，檢察官也被姚嘉文搞得很難堪。在審判過程中，姚嘉文不斷嘲笑起訴書不符法定要件，文句不順，文理法理都不通。檢察官同樣到牢房看姚嘉文，要求他不要公開讓他難堪，「你知道起訴書不是我寫的。」「用你的名字、蓋你的章啊，」姚嘉文這樣回答。「我一個小小的上校，哪有權力起訴你們！你們是大人物，是立法委員、省議員、大律師，我哪有那麼大的權力起訴你們？」檢察官最後說。在這場審判秀裡，審判的人和被審判的人同樣難過。

為什麼這一次的審判對社會公開呢？過去政治案件的審判大多祕密進行，甚至許多審判結果也沒有對社會公布。這一次的審判是否將延續過去的祕密方式？雖然民間許多人和美國政府官員都表達了對公開審判的期待，可是沒有人確知蔣經國的意向。直到二月二十一日這一天，警備總部發言人在記者會上宣布審判將對外公開。

不只審判公開，後來媒體對審判過程的報導也沒有遭受政權的干擾。所有媒體對審判過程都做了詳盡的報導。被告在法庭上的陳述，幾乎一字不漏刊登在媒體上。透過報紙，全國民眾在審判期間集體上了難得的政治教育課程，課程的內容則是「民主」。為什麼一向祕密審判政治犯的威權政府，這一次竟然讓審判公開？為什麼一向控制全國媒體的威權政府，這一次破例讓媒體自由揮灑？

美麗島審判及對審判的報導，是臺灣政治史上最重大的事件之一，也成為民主運動再起的轉捩點。社會學近幾年開始關注「事件」對政治發展的影響。美麗島的大逮捕當然是一個重要「事件」。不過，如果沒有公開的審判、媒體的詳盡報導，大逮捕事件的影響或許仍然有限。公開審判以及對審判的詳盡報導，讓事件的影響擴散至全社會各階層、各角落。然而，對政治案件的公開審判和詳盡報導，都是臺灣首例。為什麼它會發生？

第一種可能的解釋是，案件在國內和國際社會引起廣泛注意，以及超越政治立場的同情。知道呂秀蓮被逮捕後，當時是《亞洲華爾街日報》駐臺北記者與《紐約時報》特約記者的殷允芃一面哭，一面給《紐約時報》寫報導。國策顧問陶百川在大逮捕之後寫了十二封信給蔣經國，其中第一封信詢問，是用軍事法庭還是一般法庭審判：「高雄不幸事件是暴行還是暴動？是衝突還是叛亂？判斷一個刑案，看犯行，也看犯意。不知被捕的人是否有叛亂的犯意……中壢事件焚毀警所，搶劫兵器，情節遠較高雄事件嚴重，但未辦成叛亂，人犯都由警總改送法院訊辦。高雄事件是否也將那樣處理？」

陶百川先生這個問題，點出了美麗島事件的關鍵。在中壢事件，群眾燒毀數部警車、占領警察局，都沒有用叛亂罪起訴，為何情節遠為輕微的高雄事件反而是叛亂案？事件發生之後，很多人討論是「先鎮後暴」，還是「先暴後鎮」。這個問題其實並不重要。不論是先暴後鎮還是先鎮後暴，群眾的違法行為都比中壢事件遠為輕微。重要的問題是，蔣經國為何將示威遊行中的違法行為當成叛亂，並且逮捕了幾乎所有的民主運動工作者，不論他們當晚是否在高雄現場？

陶百川在另一封給蔣經國的信又說，「如無叛亂事證，而僅犯普通罪刑，則可以妨害公務罪、妨害秩序罪、公共危險罪、傷害罪、妨害自由罪或毀棄損壞罪等追訴，都應移送法院審判和懲治，而不應受軍事審判。」

居住美國的作家陳若曦也回臺灣要求面見蔣經國，將旅居美國的知名中國學者和作家的連署信交給他。作家聶華苓在大逮捕之後打電話給陳若曦。聶華苓曾經當過《自由中國》雜誌的編輯，熟識雷震、殷海光等人。當時她在愛荷華大學主持國際寫作計畫。

她建議陳若曦回臺灣求見蔣經國，表達海外中國人的擔憂。陳若曦對蔣經國一向沒有興趣。她前一年獲得吳三連文學獎，本來想回臺灣領獎，後來聽說蔣經國也會參加頒獎典禮、順道向吳三連祝壽，她於是取消臺灣之行。可是聶華苓告訴她：當年蔣介石逮捕雷震的時候，許多人要求胡適回臺灣向蔣介石求情，胡適拒絕了。「我們到今天都不原諒他。」

聽聶華苓這樣說，陳若曦不得不回臺灣求見蔣經國，代表海外的華人知識分子表達共同的關切。阮大仁、杜維明協助草擬給蔣經國的聯名信，莊因接手用毛筆工整地謄寫。信中陳述高雄事件：

> 詒害甚多，然至大至深者，莫過於省籍隔閡之越演越烈，仝人等在海外深以為憾。素仰先生平日倡導民主勵圖法治，望能考慮下列建議，俾使海內外同胞心悅誠服也。
>
> 全案立即移交法院循序審理。
>
> 就案論案，凡當事人與高雄事件無關之言行，應不予追究，以平息政府借題發揮，一網打盡黨外人士之流言。

應有首從之分。

應有事前知情與否之分。

應有當時在場與否之分。

再者，依法言法，則凡涉嫌觸犯妨害公務罪與妨害公共秩序罪者，不應交由軍事機關審判。

連署者包括杜維明、許倬雲、余英時、李歐梵、莊因、白先勇、張系國、楊牧、張灝、林毓生、張富美、鄭愁予、葉維廉、聶華苓、於梨華等二十七名學者和作家。他們大多為黨派中立人士，許多人對臺灣獨立的想法也不一定支持。

蔣經國並沒有理會聯名信的建議。除了用軍法審判八名被告，幾乎所有的民主運動參與者，都被他全數逮捕，不分當晚是否在場。雖然聯名信被置之不理，不過也許發揮了或多或少的壓力。陶百川和海外學人的信顯示，對美麗島事件的同情超出了黨派和政治立場。這種超越黨派的同情，讓國民黨政權很難進行祕密審判，否則將失去中立者的支持。尤其要將警民衝突升級為顛覆叛亂，祕密審判完全無法取信於民。

大逮捕之後，美國在臺協會理事主席丁大衛旋即於一九八〇年一月到臺灣，見了蔣經國及政府的高層人員，也會見了被捕者的家屬們。姚嘉文夫人周清玉女士當面向丁大衛提出公開審判的期待。根據丁大衛的回憶錄，他離開臺北前夕，蔣經國派遣總統府祕書長宋長志告訴他，「雖然領導人都會以軍法審判，可是其他人都會由普通法院審理。而且，不會有人被判死刑。」蔣經國給丁大衛的交代並沒有涉及是否公開審判的議題。我們無法得知，蔣經國在接見丁大衛的時候，是否已經當面做了暗示或承諾。

公開審判的議題在後來對美麗島事件的論述和回憶中，也受到極大的關注。當時擔任國民黨文化工作會主任的楚崧秋表示，公開審判的推手應該是司法院長黃少谷。黃問他的意見，他回答說，「只有審判公開，才能將事件的傷害降至最低。」

另一個重要的問題是：為什麼國民黨政權容許媒體完整地報導審判過程？根據楚崧秋的說法，「當時情治單位強烈建議，並要求新聞局和文工會配合，希望限制報導審判內容的新聞篇幅，及國內記者的採訪。」但楚崧秋認為，既然是公開審判，當然就可以採訪；而且中外記者應該享有相等的權利。他並且將這個意見報告給蔣經國，也獲得蔣經國的同意。不過，當時蔣經國雖然同意，楚崧秋後來卻因此而被迫離開文工會的職位。蔣經國要他離開該職位召見他的時候，第一句話就說，「他們說你自由主義的色彩太……」

蔣經國當時顯然沒有認知到放任媒體報導審判過程的嚴重性。對政治非常老練的蔣經國，為何會有此誤判？在大逮捕之後，蔣經國曾經廣泛詢問手下社會輿情的反應。我們無法得知他手下所提供的社會輿情是什麼內容。依照獨裁政權的常理，獨裁者手下的意見大多是迎合上司喜歡聽的話。

審判期間，警備總部特種調查室提出的輿情報告這樣說，「經透過關係訪談文化、新聞界人士，對軍法審判美麗島叛亂犯一案，綜合反應如下」：

對於八名被告，政府應依法嚴懲，勿再姑息養奸。全國民心均支持政府嚴懲不法，民心不可違，而且時機適宜，設若此時不辦，今後更難辦了。即使政府要表示寬厚，也應重判死刑或無期徒刑，然後由總統大赦，如此既可以服眾又可以示寬大胸懷，顯示政府德意，可謂一舉兩得，不失為兩全之策。

這就是獨裁政權的情治單位呈給上級的輿情。宣判後的第三天，該單位又提出一份輿情報告：

一般經濟犯尚有判刑二十餘年之案例，而美麗島一干人，以暴力顛覆政府之叛亂罪行，僅分別判刑十四年、十二年，最高僅無期徒刑（施明德），似嫌太輕。留下這些人等於留下無數麻煩……

此八人在叛國分子陰謀集團及反政府分子心目中，已成為「民主鬥士」、「革命英雄」，此後若逢大赦獲減刑，提前出獄，必成為他們的「偶像」，更具號召與影響力，所以務必不可假釋或大赦，使其提前出來，否則如放虎歸山，不可不慎。

這個輿情所反映的顯然不是民間的看法，而是情治人員的意見。

蔣經國自己的判斷，或許也認為民意站在他這邊。高雄事件之後幾天，所有的媒體都對民主運動人士發動密集而凶悍的撻伐，包括臺北市長李登輝。李登輝市長呼籲全體市民，共同聲討、制裁陰謀暴力分子，以維護社會安寧，全力支持孫運璿行政院長對「今後任何企圖破壞安定與團結……政府決斷然依法處置，不稍寬容」。「警備總部等治安單位已採取斷然行動，決本嚴正立場，依法嚴辦，絕不寬待。」

學者出身、又是基督徒的臺灣人李登輝，既然對暴徒如此痛恨，甚至忘記了耶穌基督所宣揚的愛，一般社會大眾想必更為嫉惡。李登輝警告要依法嚴辦陰謀暴力分子的第二天，蔣經國開始了大逮捕。大逮捕之後媒體所展示的民意也是一面倒，所有的新聞、所有的學者和記者的評論，同聲譴責陰謀暴力分子。獨裁者最大的麻煩之一是，他永遠不知道真正的民意，永遠無法確定他是否真正受到人民的支持。即使被人民廣泛痛恨的獨裁者，也都不知道人民多麼痛恨他們。在沒有新聞自由和言論自由的國家，獨裁者誤判民意的例子並不少見。

這也是為何當代的獨裁者經常誤判形勢，企圖用選票來建立獨裁的正當性，結果產生一堆「跌破眼鏡的選舉」。其中最有名的例子，應該是智利的獨裁者皮諾契將軍在一九八八年舉辦的全民投票。當時智利經濟連續數年出現榮景，投票前幾乎所有的評論和分析都預測，他將獲得壓倒性的勝利而繼續執政八年。可是他卻輸掉了公民投票。

蔣經國不干涉媒體報導或許是由於另一個原因：他的蘇聯經驗。他離開蘇聯的一九三七年，正是史達林熱烈展開其審判秀的一年，這是全蘇聯和全世界的大事。在史達林的殘暴威脅下，眾多革命元勳為了讓親人活命，都完全配合史達林編寫的劇本表演，在法庭上公開承認自己反革命、是帝國主義的走狗。蔣經國或許認為他可以在臺灣複製這種審判秀。如果被告按照劇本演出，將是他政權的一大勝利，也可以杜絕國際批評的聲浪。

事實上，當時被告們也都受到偵訊人員的誘導，鼓勵他們在法庭上認錯求饒。林義雄在法庭上的最後陳述時說，起訴當天「保安處的人就來看我。告訴我，只要知錯悔過，政府絕對沒有打擊你們、樹立敵人的意思，只要法律上有個交代，將來一定是政治解決。現在余登發已經回家過年了等等」。施明德也受到相同的鼓勵和安慰。審訊的情治人員對他說，「你放心，這個案子已經是國際事件了，怎麼判得下去？你們就認錯，然後召開記者會，悔罪認錯，就可以放出去了。」

根據姚嘉文的回憶，審判前警備總部一直「教導」他，要他在法庭上公開表示悔改，「請求庭上從輕發落。」一位檢察官甚至對姚嘉文說，「你開庭的時候，跪下來道歉、悔改，就一定不會被判死刑。」姚嘉文在法庭做最後陳述時說，「起訴後有人來表示，只要審判中合作，就可以像余登發一樣保外就醫。」當時他們被起訴的罪名是「內亂罪」，起訴書上寫著：「被告等所為，顯已觸犯懲治叛亂條例第二條第一項意圖以非法之方法顛覆政府而著手實行。」也就是政治犯常說的「二條一」，唯一死刑。

辯護律師鄭勝助也回憶，在情治人員的逼迫下，每一位被告的口供中，都有類似「我們知錯、深深悔悟，請求國家原諒我們，給我們一條自新之路」的話。其他受司法審判的民主運動者，也受到情治人員相同的引導勸說。楊青矗在法庭上說，「偵查人員都要我在每份自白書寫『我很後悔，我所作所為對不起政府，請政府原諒，從輕發落。』現在我覺得我沒有做錯什麼，沒有什麼可以後悔的。」

被告們受偵訊期間的表現，或許也讓蔣經國對未來的審判秀獲得巨大的信心。他的政府將偵訊錄影帶送往海外巡迴展覽播放。張俊宏認為，錄影帶的內容讓蔣經國對未來審判秀的成功，充滿信心。如果蔣經國曾經期待看到史達林的審判秀在臺灣重現——所有的被告在法庭上承認自己的罪行，他一定大失所望。

無論公開審判和容許媒體完整報導的真正原因是什麼，它們確實對社會造成了巨大衝擊。從三月十八日到二十八日有開庭的九天，軍事檢察官、被告、法官和律師在法庭上的陳述，法庭上所發生的事，都由記者完整記錄，次日出現在媒體上。這是全民參與的政治審判。許多人後來回憶，這個審判是他們政治啟蒙的教材。雖然獨裁政權的軍事法庭大勝，所有被告都被判了重刑，可是現場旁聽審判的記者、次日閱讀報紙的民眾，似乎都不這麼認為。全國民意全面倒向對被告的同情。

國民黨政權對民意的一面倒反應完全沒有預料到。大逮捕和公開審判對社會造成巨大的衝擊之後，也為獨裁政權製造了「危害甚大的流毒」。國民黨政權立即從事「善後」處理工作，以「防止流毒繼續擴散」。國民黨副祕書長吳俊才於判決前十天，在中央黨部主持「華冠專案小組」會議。出席者包括總政戰部部長王昇、國家安全局長王永樹、青輔會主任連戰、警備總部司令汪敬煦、新聞局長宋楚瑜等。吳俊才說明開會宗旨是：「黃信介等涉嫌叛亂經軍法審判後，如何防止流毒擴散。」該會通過「遏止流毒擴散之共同瞭解與重點工作」，七項「共同瞭解」包括「被告在軍事法庭所散布之思想流毒危害甚大，必須透過各種有效方式予以遏止」。

遏止流毒擴散的重點工作之一是，「由大專教授聯合發表聲明，強調自由民主法治與國家安全之信念，支持判決……由青工會負責主稿及簽名事宜，新聞局負責譯印。」於是判決公布的第二天，包括某些當今被視為自由派學者在內的八百零一位大學教授，聯合具名發表公開信以「保民族千秋的命脈，要子孫萬代的幸福」，支持由軍事法庭做出的嚴厲判決。公開信指出，「臺獨的觀念不但背棄民族大義」，在現實上「也是走不通的死路」，因為臺獨「必然引發更大的外部危機，也必然導致社會內部的混亂」。

公開信發表的同一天，《中國時報》也刊出記者王杏慶的特稿〈臺獨之路走不通也不能走〉加以呼應：「『臺獨』在國際社會上乃屬『不可能』，在民族大義和文化歷史傳承上屬於『不應該』，而純就國家的政治社會發展而言則屬『不必要』……臺灣民主運動的發展緩慢，海外臺獨的存在並不時做著邪惡的召喚，實為最大因素。」除了繼續攻擊臺獨，甚至將臺灣的不民主歸罪給臺獨主張。

聲討臺獨、譴責美麗島民主運動發起的暴亂，國民黨文工會發動的這項消毒運動，功效似乎不大，因為民主運動繼續茁壯，人民的支持更為熱烈。流毒的產生不只是因為人民對自由民主的同情，也因為警民衝突很難升級為虛構的「武力顛覆政府」之叛亂。由於沒有成功升級，唯一的結論就是：美麗島事件是蔣經國對民主推動者的嚴厲懲罰，是為了撲滅民主運動、消除民主的呼聲。這也是為何大部分研究臺灣民主化的本地和外國學者，將臺灣民主化歸功給蔣經國的時候，都省略美麗島事件的原因。他們無法解釋，民主推手的蔣經國為何將警民衝突升級為武力顛覆政府，然後逮捕所有的民主運動者，然後加以刑求以取得自白，然後加以嚴厲的處罰。

不論獨裁政權容許公開審判和媒體詳盡報導的真正原因是什麼，美麗島審判成為臺灣現代政治史上最重要的事件。審判之後，臺灣民眾的政治意識完全不同於審判之前。普遍高昂的民主意識，正等待著迎接新出現的民主運動者，將臺灣政治推向另一個階段。

9 法庭是另一個戰場

法庭永遠是反抗者的戰場。在法庭上，反抗者是失去自主能力的俘虜。可是雖然被俘，仍然可以在法庭裡繼續戰鬥。在法庭上，反抗者可以鼓舞同志，可以摧毀法庭的正當性，可以打擊壓迫政權的權威，甚至可以爭取到中間的民眾。這也是為何獨裁者都寧願使用祕密審判來整肅挑戰者。

可是美麗島的被告們並不習慣這個戰場。除了二十年前自由中國組黨運動低調而快速的審判，美麗島大審是國民黨政權之下的第一次公開審判。因為過去幾乎不曾有過公開審判，美麗島的被告們不曾目睹政治審判，也因此缺乏對法庭戰鬥的想像。在審判的前期，被告們一直未能將法庭當作重要的戰場。

雖然國民黨政權承諾審判公開，不過在正式審判之前，受軍法審判的被告們早就被軍事法庭祕密提訊。警備總部發言人在一九八〇年二月二十一日宣布公開審判，律師們當天即趕到景美軍法處呈遞律師委任狀。他們抵達景美的時候，發現偵訊庭在沒有律師出席的情況下已經在進行中。偵訊庭上除了審判官、軍事檢察官之外，僅有一位由軍事法庭指定的公設辯護人在場。律師團隨即提出抗議，要求出庭。律師們的抗議被軍事法庭駁回，理由是法庭已經有公設辯護律師在場。如此，祕密偵訊庭繼續開了三天。這三天中，被告們被迫覆述自白書中的內容，同時承認他們的自白是出於自由意志。經過一個多月的監禁和刑求，又沒有律師和媒體在場，這個法庭和監獄幾乎沒有差別，不能算是戰場。

三天的提訊之後，第一次公開調查庭於二月二十八日召開。也就是在這一天，當林義雄太太方素敏到景美旁聽調查庭的時候，有人潛入她在臺北市信義路的家，屠殺了林義雄的母親和兩個雙胞胎女兒。這個事件導致下午休庭，直到三月七日、八日繼續開完調查庭。正式審判之後在三月十八日展開，法庭上的戰鬥也正式開始。

在其他威權獨裁國家，政治審判是常事。反抗者早就認知法庭是一個重要的戰場。曼德拉是南非反抗白人政權種族隔離體制的領導人，雖然他人生大多數的時間都在監獄裡。曼德拉在一九六四年再度被逮捕，以叛國罪名起訴。他在法庭上的陳述不只鼓舞他的同志和黑人同胞，也讓他成為世界性的人物。南非政府本來企圖透過這次審判，讓世界知道黑人運動的武裝暴力行為，也為白人的種族隔離體制辯護。可是曼德拉的陳述，卻將審判轉化為對種族隔離體制的道德譴責。

曼德拉的陳述首先詳細說明他個人政治參與的歷程，他對英國《大憲章》、美國《人權法案》的心儀；他展現開放的心靈，願意擷取西方和東方文化中最好的部分。他也分析了種族壓迫對南非人民造成的痛苦，以及白人對民主的恐懼。更重要的是，曼德拉公開承認，曾經從事破壞活動，同時也是反抗運動的武裝組織「民族之矛」的創建者，並且直到被捕之前都在領導這個武裝部隊。不過，曼德拉也為他的武裝路線辯護：在現行體制及白人的壓迫下，暴力不可避免。

最後，曼德拉放下講稿，眼睛對著法官唸出他已經牢記在心中的字句：

> 我一生都奉獻給非洲人的鬥爭。我曾經為了反抗白人的宰制而戰鬥，我也曾經為了反抗黑人的宰制而戰鬥。我懷抱的理想是一個自由民主的社會，其中所有的人和諧地相處，所有人都有相等的機會。我希望為這個理想而活，也希望能成就這個理

想。可是如果有需要，我也準備為這個理想而死。

曼德拉說完之後坐下，整個法庭陷入靜默，長達半分鐘。然後旁聽席中發出細微的嘆息，有些婦女開始哭泣。第二天許多國際性報紙，都詳細報導了他近四小時的陳述。

曼德拉當時確實準備為他的理想而死。在場旁聽的律師事後說，曼德拉的陳述，簡直就是邀請法官將被告們判處死刑。事實上，曼德拉的律師讀過講稿之後，曾經要求曼德拉修改，可是為曼德拉拒絕。

判決前一天，律師在牢房告訴曼德拉，法官次日宣判之前會依慣例問他：「如果你認為法庭不應該判你死刑，請將理由說出來。」曼德拉說，他準備告訴法庭：「如果你認為判我死刑就能摧毀解放運動，那你就錯了。我的死將會啟發更多人。」律師警告說，如果你這樣講就不可能上訴。曼德拉表示，如果判死刑，他不會上訴。

曼德拉在法庭上的表現，讓他立即成為全世界的知名人物，也成為南非反種族隔離運動的精神象徵。他後來在自傳中說，「我已經準備好面對死刑。要真正準備好面對災難，你必須預期災難必定來臨。你不能一方面準備面對災難，一方面又心存僥倖，期待它不會來。」

印度獨立運動的領導人甘地一九二二年因為在《青年印度》雜誌上寫的文章而被控告上法庭。他在審判的時候說，他研讀過先前被相同法條起訴的案子，發現「以前許多廣為人民愛戴的愛國者，都曾經被相同的法條定罪。所以，能被這一個法條起訴，對我真是一項殊榮。我對行政官員都沒有惡意，對英國國王本人更沒有仇視。但是對一個比任何先前制度對印度帶來更巨大傷害的政府，仇視它乃是一項美德。在英國人統治下，印度人從來沒有如此地缺乏人的尊嚴。因此我相信，喜愛這個政府乃是一項罪惡。我能寫這些文章真是一項珍貴的榮譽」。

甘地接著解釋，他的非武力抗爭和不合作運動，能對印度和英國都帶來多大的好處。同時，非武力抗爭也意謂志願接受不合作所帶來的處罰。「所以我在這裡邀請，也高興地接受對我可能有的最嚴厲處罰。」然後甘地說，「所以，法官，你目前的選擇是，如果你認為你必須執行的法律是邪惡的，而我是無罪的，那麼你就應該辭去你的職務以和邪惡脫離關係。如果你相信你幫助執行的法律和體制對這個國家的人民是好的，而我的行為傷害公共利益，那麼你就應該判我最嚴厲的處罰。」

法官答覆甘地說，「你自己承認罪行讓我的工作輕鬆不少。不過要決定你的刑期卻是這個國家的法官都會面臨的困難。令人無法忽略的事實是，在我審判過的、未來會審判的人當中，你是一個特殊的類別。在千百萬同胞眼中，你是一位偉大的愛國者，也是一位偉大的領導人。甚至政治理念和你不同的人，都認為你有著高遠的理想，過著高尚、甚至聖人般的生活……在印度或許只有很少人會對國家不得不剝奪你的自由而不感到難過。我必須在給你應得的待遇，以及公共利益之間取得平衡。」法官於是根據先前判處印度自治運動領袖提拉克的案例，判處甘地六年徒刑。

甘地回答說，「你提到對已故的提拉克審判，真是我的榮幸。能夠和他的名字連結，是我無上的特權和榮耀。就判決而言，我當然覺得這是任何法官能夠給的最輕刑期。至於審判過程，我必須說這是我所能獲得的最禮貌待遇。」甘地在公共領域中否定審判和法庭的正當性，不過在私人領域裡仍然稱讚法官的為人。

印度和南非的反抗者經常面臨逮捕和審判，早已熟悉法庭是政治鬥爭的重要戰場。臺灣當時的政治氛圍和印度、南非有很大的差異。從國民黨統治臺灣到美麗島大審的三十多年間，雖然逮捕、審判反對者的政治案件從不間斷，可是多在不公開的情況下草率為之。唯一的例外是一九六〇年對自由中國組黨運動領導人雷震的審判。不過那是二十年前的事，而且逮捕的規模不大，總共逮捕四人。審判也只有一天，在六小時之內迅速結束。審判雷震在人民的記憶中並沒有留下太多痕跡。

因為政治環境的差異，臺灣的民主運動者仍然不熟悉法庭這個戰場。先前從來沒有人在法庭上戰鬥過；即使有這樣的例子，因為媒體受到嚴格控制，社會也無從得知。而且，美麗島被告們在經過兩個月的精神和肉體摧殘之後，立即被送往他們毫不熟悉的戰場。他們甚至沒有想到那是一個重要的戰場。他們很難像甘地一樣，直接地、清楚地指出，審判只是一場政治秀，法官和檢察官只是政治壓迫的工具。

不過，隨著審判的進行，被告們逐漸認知到法庭是另一個民主運動的戰場。姚嘉文律師或許是其中的關鍵人物。不過，姚嘉文會興起在法庭上戰鬥的意念，卻是來自一個特殊的機緣。上帝經常在令人意外的地方，在令人意外的時刻，播下令人意外的種子。

姚嘉文在《景美大審判》一書中回憶了這段令人驚奇的機緣。當他被召喚到祕密詢問庭的時候，因為與世隔離了兩個半月，「心灰意懶，鬥志低落，出庭時唯唯諾諾，沒有任何爭辯。」在後來的合議庭上，「仍有氣無力，隨便應答。看到庭內坐滿律師、家屬、記者及聽眾，我心情狼狽不堪。」妻子周清玉後來在會面的時候提醒他：你們這些被告「既無爭辯，也缺乏鬥志，不像政治人物，外面非常失望」。妻子的批評是一個重要的警惕。

可是真正讓姚嘉文從消沉中醒來的是上帝的安排。三月初，被告們正在等待即將開始的正式審判，一群澎湖的漁夫被送進了姚嘉文的牢房，他們因為常常將漁船開到廈門做生意而被捕。其中有位外省青年，對黨外運動非常同情。姚嘉文從他口中知道了林義雄家的血案。更為重要的是，他告訴姚嘉文，外面非常關心他們的案子，連中國政府都在注意美麗島事件。他說：

我們大家都期待你們出庭好好表現，精采演出。我想你們應該沒有問題，你們都是政治運動健將。你們開庭的時候如果表現不好，我們會很失望。你們是我們心目中的英雄啊。我們尊敬你們，你們有膽量、又氣魄。你們出庭一定很精采，可惜我們不能去旁聽。你們要好好表現，不要讓我們失望。

每個開庭的日子，這位外省青年都鼓勵姚嘉文：

去，去開庭，好好辯論，加油。回來講給我們聽，講林義雄怎麼說，施明德怎麼說。今天你不必洗碗筷，我幫你洗。你洗澡後不必洗內衣褲，我幫你洗。

受到這樣的打氣，姚嘉文恢復了士氣。他於是擬定戰鬥目標：反擊國民黨的宣傳，表達美麗島的政治主張，鞏固民主運動的士氣，保全個人的名節。一隻看不見的手透過一位外省青年，提供了被告們所欠缺的經驗和想像。他們不但沒有如政權的期待，公開認錯悔過，甚至在最後的陳述中，清楚說出了所信仰的政治理念。他們對政治理念的表白，間接否定了審判的正當性。隨著判決的公布，法庭也否定了自己的正當性。

然而，被告們在法庭上的戰鬥仍然不是黑白分明。他們對法庭的正當性不但沒有太大的挑戰，似乎也承認法官的獨立性。即使有過政治審判經驗的老資格政治犯施明德，在辯論庭上否認檢察官的指控時也說，「請庭上公正裁決」、「請庭上拋開自白筆錄，伸張人權」、「我希望庭上給我正義的答覆」。

其他被告們的態度也都類似：

鈞庭是我的法庭生涯中，很少見到的優秀法庭。從審判長以下以至庭丁、警衛，都表現了令人欽佩的智慧、辛勞、和認真。在這裡請各位同仁接受我的敬意。

請庭上給我們無罪之審判，並還我們公正。

這幾天來審判官們都很辛苦，在此先表致謝。

我懇求上主賜給代表國家執法的庭上……能夠有聖靈感動，完全寬恕一切共同被告，並釋放所有因本案而正在被羈押的人。藉此機會向我的辯護人員、庭上、所有工作人員、貴庭所有服務人員……這些日子來如此的辛勞，努力服務和關懷，表示由衷的感激謝意。

面對兩個星期以來不辭辛勞地為中華民國的法律正義拓荒的審判長與諸位判官面前……被告對於他面前的審判官先生們，已因兩個星期的觀察而重燃希望之火……為中華民國的前途，被告也要祝福各位審判官有充分的睿智與充足的道德勇氣，使我們的國家早日從高雄事件的震撼中清醒。

我要在此向審判官敬禮，同時我也要向因為美麗島事件受傷的同胞，以及那些怨恨過我的反對者深致歉意，希望由審判長代表來接受向大家深深的歉意。（接著向審判長深深一鞠躬。）

一位辯護律師聽完施明德最後陳述，站起來說：「請正義的法官，不要受到任何人的淆惑，做出睿智的判決。」

被告想利用這個機會感謝審判長、四位審判官及兩位檢察官，調查審判期間的辛勞。

謝謝庭上九天來仔細耐心的聽證，尤其審判長辛勞的指揮訴訟。我們感謝審判長及四位審判官，已做及將要做的努力，我對各位的努力有很大的信心。

本案不僅是被告有罪、無罪的判決。本案的判決將影響我國民主法治的前途……我請求鈞庭除了花費這九天的辛勞外，更發揮各位高度的智慧，為全體同胞的未來做一個明智的抉擇。

所有被告做完最後陳述之後，一位辯護律師擦著眼淚站起來，請求審判長懷著「哀矜勿喜」的態度處理本案。

只有林義雄在言詞辯論庭中當面挑戰司法官。不過，林義雄挑戰的是檢察官讓警備總部的人來「關照」他，沒有保護他免於刑求；林義雄的挑戰並不是針對法庭和審判的正當性。他在暗示遭受刑求之後，對檢察官說：「軍法處看守所歸你管理，你到底是如何管理的？為什麼保安處的人一而再來看我？」

雖然美麗島的被告們沒有挑戰審判的正當性，不過他們也沒有依照政權的期待在法庭上求饒。在法庭上，他們不斷否認起訴書上的罪行。特別是在最後陳述中，他們明白地說出了他們的信念。這些陳述激發了社會廣泛的共鳴，讓民主運動得以在後繼者手中復興。

軍事法庭做出判決之後一週，對另外三十三名民主運動參與者的司法審判開第一次調查庭。審判長是陳聯歡，受命推事為蔡秀雄，陪席推事為鄭三源。辯護律師江鵬堅、尤清一開庭就提出程序問題，要求推事蔡秀雄迴避。因為蔡秀雄為國民黨提名競選宜蘭地區的國民大會代表。江鵬堅說，被告中有三位立法委員候選人、兩位國大代表候選人，他們和蔡秀雄推事屬於不同黨派、政治立場不同，蔡依法應該迴避。依照憲法第八十條，「法官須超出黨派之外，依據法律獨立審判，不受任何干涉。」蔡秀雄推事受國民黨提名，而且已經從事競選活動，「已不得謂未參加黨團活動」。

對這個突然而來的挑戰，三位法官面面相覷，不知所措。辯護律師的迴避申請後來由合議庭駁回，理由是：熱心政治活動的蔡秀雄推事和被告們「選區不同，競選民意代表的種類不同」，所以「政見縱有不同，根本無利害衝突或恩怨之可言」。中華民國憲法又被糟蹋了一次。

後來受司法審判的被告們，也都在法庭上說出他們如何地被刑求，透過媒體的刊登引發社會廣泛的不平。大大地減損了審判的正當性。

一九八二年九月，姚嘉文、黃信介、張俊宏、林弘宣在監獄裡繼續戰鬥。他們四人發表了〈美麗島受難人共同聲明〉：

由於政治看法和主張的不同，身陷重牢，我們確信這是基於執政當局的政治需要。然而三年多來，國內外情勢的發展，證明我們對臺灣前途看法和主張的正確。執政當局因為缺乏應變開局的決心和勇氣，已使臺灣陷入更危急的困境……臺灣和中國大陸長期隔離的結果，已使得雙方社會本質有明顯的差異……

「統一」雖是中國古老傳統的願望，「民主」卻是近代舉世人民普遍的要求。當兩者不可得全，我們寧取「民主」。任何缺乏民意基礎的統一，只有帶來大多數人民的困苦和傷害……

我們堅信任何人民不能單純因為歷史及種族的原因，而喪失選擇自由民主生活方式的權利。為長遠利益考慮，在臺灣完成民主遠比為中國製造統一更為迫切、更為重要……

三十多年來，最值得我們慶幸和驕傲的，是我們社會已擁有成熟而不可欺騙的人民。這些廣大的人民已不斷在問：要人們忠誠地納稅當兵，為什麼國是不必由人民決定？

近代歷史一再證明，實行民主是對抗共產威脅最有效的方法。以任何藉口的集權統治，必因殘害民主而喪失對抗共產的寶貴活力。我們堅信現代社會最強大的力量乃是經由全體居民共同投票所表達的自由意願。這種意願的表達不僅是足以強化內部的向心，杜絕外來的染指，而且是政權合法化的基礎。

基於上述看法，當此國內外危機重現之際，我們鄭重要求執政當局停止高壓，迅速還政於民。同時將主權歸屬、政府型態、基本國策以及政治領袖的產生等等，大公無私地付諸全民公決。只有尊重人民意願的政府，其存在的價值才可能被國際社會所肯定和支持。只有藉此建立憲政規模，民主才會有生根茁壯的生命……

願上天和英勇的祖先保佑我土我民。

聲明從各種不同角度為民主辯護，也清楚表達了對民主的期待，是當時為止最佳的政治宣言。如今讀來都仍然鏗鏘有力。

審判初期，民主運動的領導人雖然未能徹底否認審判的正當性，不過隨著審判的進行，審判過程和審判官的表現都明顯暴露了審判的真相：法庭只是獨裁政權的工具。被告們在法庭上的陳述，更是激起了社會廣大的同情和迴響，也催生了下一波的民主運動。

10 武力顛覆政府的故事

一九八〇年三月十八日，國內外矚目的審判揭開序幕。臺灣的政治發展即將進入民主運動更為茁壯的全新階段。不過當時沒有人知道，所有支持民主的人都在哀傷。

開庭當天早上發生一件事，讓政權原本的計畫無法順利進行。因為林義雄家裡的慘案引起社會廣大的同情，如果再對林義雄安上叛亂犯的罪刑顯然過於殘酷。蔣經國因此要將林義雄與其他被告分開，由另一法庭審判後將他判處緩刑。可是林義雄堅持和其他七位被告一起在軍事法庭受審。如果一起受審，就無法單獨給林義雄緩刑的處分。當時在醫院的林義雄堅持去法庭，卻為監管的情治人員阻擋，無法出門。林義雄的律師張政雄向情治人員說，「外面一群記者要進來問，林義雄為什麼沒有出庭。你們要不要去對記者解釋？」情治人員只好讓林義雄出庭，和其他被告一起接受審判。

林義雄拒絕了獨裁政權的特殊恩賜，和其他同志一起接受軍法審判。審判之後回到讓他的身體和心靈都承受極大痛苦的所在。

這件影響臺灣歷史深遠的大審判，以強忍住的笑聲揭開序幕。第一天開庭，所有被告被押上法庭之後，軍法官指令除了第一位審理的黃信介留下，其他所有被告都退庭。然後，謝長廷起立問法官：「被告都不是軍人，為何受軍事審判？」審判長覺得很好笑，這個律師一點都不懂法律。他說，那是根據戒嚴。謝長廷接著問：「是哪一年的戒嚴？」審判長被謝長廷問倒了，就說：「這個在《六法全書》裡面有啊。」不必讀過法律系也能知道，《六法全書》不會有宣布戒嚴的日期。審判長東扯西扯一陣之後，預備軍官林輝煌檢察官遞給他一張條子，他照著唸才解除了難堪的局面。這樣的軍法官的素質實在太差，後來高等法院的耿雲卿法官被派去指導。審判過程中他躲在法庭後面的小房間，透過閉路電視觀察審判。

這場審判的主要工作，是將警民衝突提升為武力顛覆政府。根據起訴書，劇情從三個方向加以規劃：

一、被告和北京政權共謀

二、被告和海外臺獨共謀

三、被告有武力顛覆政府的犯意和行為

和北京政權共謀這部分的劇情集中在黃信介的角色。根據起訴書：

黃信介於六十八年三月，指使洪誌良……赴日與匪駐日使館接洽，企圖自日本轉運匪區進口鰻魚苗，獲取暴利，緣黃信介具有顛覆政府犯意，並擬以所獲利潤充實叛亂活動經費。同年三月十五日洪誌良抵達日本後按黃信介所示之方法，與匪偽「東京華僑總會」副會長黃匪文欽接洽，經其安排，於同月廿九日搭機潛赴匪區，在匪區逗留十三日，會晤匪偽政協副秘書長楊匪斯德勾搭，並接受其招待，至四月十日由匪區回至日本，於四月十二日自日返台。五月初洪誌良為防洩密，託吳錦洲帶信約在黃信介住宅會晤，向黃報告鰻魚苗生意已與匪談妥，并轉達楊匪斯德意思：「希望促成和平『統一』，事成後台灣將成為自治區，同意由黃信介擔任主席」云云。黃聞言後即告以「我不便出面，有關『統一』方面的事你去做，『台獨』方面我還須照顧姚嘉文等人」，約一週後開具新台幣伍拾萬元之銀行本票乙張，付洪供作經營鰻魚苗保證金，企圖二面勾搭，進行其以非法之方法顛覆政府之陰謀。

一年前的「余登發叛亂案」如今又上演了一次。人物不同，劇情則大同小異。兩個劇本同樣拙劣。

黃信介在偵查庭上，承認曾經答應洪誌良投資他鰻魚苗的生意，並借給他五十萬元周轉金。洪收到五十萬元之後，還開了本金和利息的支票給黃（有物證提交法庭）。黃信介說，雖然洪誌良有告訴他曾經去了中國，可是黃不相信他真的有去，因為當時要去中國並不容易。如果洪真的去了中國，黃信介建議他去向政府自首。黃信介承認洪誌良有告訴他和平統一的事，不過他告訴洪，「這件事我做不來。」至於楊斯德的話，黃信介說洪誌良並沒有向他轉述。

黃信介否認洪誌良的單方面供述後，唯一支持他和北京政府勾結的證據，是黃信介在調查庭中的自白：指示洪誌良到日本和北京政府聯絡。軍法官提出這項自白後，黃信介回應，「是為了能根據《懲治叛亂條例》第九條得到減刑，所以才承認的。」他提到自己在調查局五十天，偵訊時間很長，有時長達五、六十個小時，「以為合作的話可以依《懲治叛亂條例》第九條減輕刑責或感化，就什麼都承認。」和其他許多人一樣，黃信介顯然因為疲勞審訊導致意志薄弱，加上死刑的恐嚇，為了減刑而立下不實的自白。軍事法庭起訴的根據是《懲治叛亂條例》第二條第一項，意圖以非法之方法顛覆政府而著手實行者處死刑。也就是政治犯間通稱的「二條一」，唯一死刑。第九條則是「自首或反正來歸者」得不起訴或減輕或免除其刑。

黃信介的律師陳水扁在審訊法庭上，明白提出「刑求」的問題。軍事檢察官答辯說，「檢察官在偵查時，黃信介始終沒有陳述過刑求的情形，現在提出顯然是在狡辯。被告黃信介身受高等教育……本案起訴的罪刑是唯一死刑，如果沒有事實，被告斷無胡亂供認的道理……顯然是揑造之詞，企圖翻供，不足採信。」「如果沒有犯罪，怎麼會受他人威脅利誘減刑呢？」

後來庭訊林弘宣的時候，其辯護律師又提到自白取得的過程。審判官立即答覆，先前其他辯護律師已經提過這個問題，現在可以不用再提，「本庭自會予以斟酌」。法官充當政權工具的角色，第一天就清楚顯示。

刑求的問題在審判過程中不斷出現，可是全部被審判官武斷排除。在對質庭上，姚嘉文的律師蘇貞昌要求審判長，調查並公布所有被告在拘押期間所受待遇的真相，同時詢問姚嘉文的自白是否出於自由意志。不久之後，陳菊的律師因為陳菊在法庭上的陳述和偵訊筆錄完全相反，也要求審判長查明自白是否出於自由意志。審判官回答，「本庭將依法處理，不用擔心。」

從此自白書的問題就不再被提出來。一直到法庭公布判決的時候，審判官「依法處理」的方式才為社會得知：法庭發公文給調查局，詢問該局偵訊人員有沒有對被告刑求。「經調查局證實，被告等在該局調查期間之供述，完全出於自由意志，絕無不正之方法取供情事。」刑求的機構發出公文否認它們有刑求犯人，由此可見它們沒有刑求。

專程來臺灣旁聽審判的史丹佛大學法學院卡普蘭（John Kaplan）教授，在其討論美麗島審判的專書中，就用了不少篇幅批評：法庭不但沒有調查自白的取得方法，在許多重要問題上甚至將之當成唯一的證據。黃信介和中共官員勾結的唯一證據，就是他的自白。除了自白之外，法庭還能找到什麼證據證明被告有顛覆的行為？

雖然許多被告遭受刑求，而且也在法庭上公開說出來，法庭還是認定黃信介的自白出於自由意志。審判官於是依照起訴書所載，判決黃信介和中國共產黨勾搭。判決書這樣寫：

復於民國六十八年三月，指使洪誌良……赴日本向共匪駐日使館試探，企圖由日本轉運匪區鰻魚苗進口，獲取暴利，以所獲利潤充實其從事「台獨」叛亂經費。同年三月十五日洪誌良抵達日本後，按黃信介所示之方法，與匪偽「東京華僑總會」副會長黃匪文欽接洽，經其安排於同月二十九日搭機潛赴匪區，在匪區逗留十三日，曾兩度與匪偽政協副秘書長楊匪斯德會晤，並接受其招待，至四月十日由匪區回至日本，同年十二日自日返台。五月初洪誌良託吳錦洲帶信，約黃信介在黃宅密晤。向黃報告鰻魚苗生意已與共匪談妥，並轉達楊匪斯德之意：「希望促成和平『統一』，事成後，台灣將成為自治區，同意由黃信介擔任主席」。黃聽後即告以「我不便出面，有關『統一』方面的事你去做，『台獨』方面我還須照顧姚嘉文等人」。約一週後，黃信介將面額新台幣五十萬元之台北市第一信用合作社本票乙張付給洪，供作經營鰻魚苗保證金，企圖兩面勾搭，以遂顛覆政府之目的。

將判決書和起訴書相對照，兩者幾乎雷同，除了幾處在文字上有所不同。法官對檢察官的起訴不但照單全收，連判決書都幾乎原文照抄起訴書，懶得自己撰寫。獨裁政權處理如此重大、如此受矚目的審判，其所顯現的疏懶和漫不經心的態度令人訝異。

「顛覆政府」的第二項情節是和海外臺獨分子勾結，其主要媒介是林弘宣和陳菊。關於林弘宣：

> 於六十六年留美期間，經常與張燦鍙接觸，受其指示，回國與施明德、姚嘉文等相與結合，共謀叛國，並收受張燦鍙交付工作補助費美金五百元及聯絡信箱地址。先後兩次寄信給張燦鍙，報告工作情形，六十八年七月，第二度赴美，復向張燦鍙、張金策等人取得美金五千元……陳菊收受叛國分子黃有仁交付日幣三十萬元，及軍校畢業生名冊乙本暨對台廣播頻率……施明德與叛國分子勾聯，復有查獲施明德所有海外叛國分子張楊宜宜之通訊錄乙本及海外叛國刊物五份。

林弘宣在法庭上表示，他確實和臺獨聯盟主席張燦鍙見過面，不過並沒有從張接受任何工作指示。張要求他在臺灣各處公共場所畫「台」的圖樣，並且告訴林：辦雜誌不好，最好是從事地下活動。林弘宣說，他將這個意見轉告施明德。施回答，辦雜誌很好。臺獨聯盟自稱是革命團體，當然主張地下革命行動，不贊成以和平方式進行的民主運動。不過，臺灣的民主運動人士自有不同的想法。他們對促成臺灣民主化的途徑，顯然和革命團體極為不同。所以也沒有如起訴書所說的「受蠱惑」的現象。五千美金則是美國紐約臺灣同鄉會給《美麗島》雜誌社的捐款。林弘宣在法庭上說，他去美國募款之前將計畫告知姚嘉文和施明德。姚和施都認為沒有去美國募款的必要。

陳菊則解釋，黃有仁交付的三十萬日幣是郭雨新先生給她的薪資，因為郭出國後她仍然繼續在臺灣為他工作。黃推薦陳菊和軍校畢業生名冊中某人聯絡，不過陳菊並沒有聯絡。被指為和施明德勾結的叛國分子張楊宜宜，則是美國「臺灣之音」的創辦人；在新聞封鎖的年代，該電話答錄機所報導的黨外消息，是美國臺灣同鄉重要的消息來源。將這些行為定義為「顛覆政府」，實在過於荒唐。

除了和北京共謀、和海外臺獨勾結，顛覆政府的主要劇情是被告們的顛覆行動。顛覆行動包含三個元素：顛覆犯意、長程的奪權計畫、短程的奪權計畫。

起訴書對犯意如此描繪，「姚嘉文早年受叛國分子彭明敏，張俊宏、林義雄早年受叛國分子張金策等人蠱惑，均具叛國意識。林弘宣……呂秀蓮……陳菊，在美期間，因均與偽『台灣獨立聯盟主席』張燦鍙或並與海外叛國分子紐約『台灣之音』負責人張富雄、張楊宜宜夫婦交往密切，受渠等鼓煽而萌叛國意念，并主張以暴力手段推翻政府。」根據起訴書，只要和這些人認識就一定會立即拋棄畢生在國民黨統治下所接受的教育，被他們「蠱惑」而「萌叛國意念，並主張暴力推翻政府」。

這個情節的證明完全來自被告們的自白。根據判決書，姚嘉文本庭調查時供稱，「五人小組……認為只有台灣獨立才能解決台灣問題。」施明德本庭調查時供稱，「黃信介指定我……成立五人小組，討論籌組美麗島，以達台灣獨立目的。」張俊宏本庭調查時自承，「指定我們五人商討策劃如何『奪權』。」林義雄本庭調查時供稱，「為郭雨新競選立委助選失敗，使我對政府產生不滿，他鼓勵我參加競選，影響我形成台獨意識。」林弘宣本庭調查時供稱，「張燦鍙、張金策主張以暴力推翻政府，我同意。」呂秀蓮本庭調查時供稱，「在法國與『台獨聯盟』分子張維嘉結識，灌輸我台獨思想。」陳菊本庭調查時供稱，與海外臺獨分子接觸，「提到目前台獨運動，以和平手段是無法成功的，必須要在國內執行暴力路線才有成功的希望。我認為暴力路線是可行的。」所有的證據都來自被告的自白。

這些具有叛國意念的人，於是在黃信介的指示下開始了他們的顛覆行動。

黃信介為從事顛覆活動，指示施明德、姚嘉文、林義雄、張俊宏及許信良等五人（即被告等自稱之五人小組），研商實施顛覆政府步驟。五人小組受命後，在姚嘉

> 文、張俊宏、許信良住宅數度共同謀議，研擬「長程與短程奪權計劃」作為進行顛覆之步驟。所謂「長程奪權計劃」，係以美麗島雜誌社為中心，舉辦各種活動，拉攏各方同情人士，擴展力量，形成舉足輕重勢力，以期攫取政權；所謂「短程奪權計劃」，乃利用各地群眾，集會、遊行、示威，不惜與政府軍隊衝突流血，漸次升高暴力，迅謀推翻政府。并認為無論採取何種奪權方式，均須製造聲勢，形成群眾基礎。各項「奪權計劃」實施方法，姚嘉文、施明德均告知黃信介。黃乃擬以美麗島雜誌社資為掩護其叛國活動……
>
> 姚嘉文就該雜誌社歷次各項活動，歸納為工作指導五原則：（一）間接原則（二）彈性原則（三）集中原則（四）團結原則（五）實力原則。其中所謂實力原則乃準備暴力，并不惜使用暴力，使隨時有發生暴力行動之可能。在活動設計上，也必須設法暴露暴力的趨向，藉以達成目的。

起訴書對「長程奪權計畫」的描繪，是將政治團體、政論雜誌社一般會從事的推廣活動，加上虛構的「以期攫取政權」。起訴書先前說被告們「萌叛國意念，並主張暴力推翻政府」，如今說他們「以期攫取政權」，都是檢察官的想像。被告們在法庭上說，他們從來沒有聽說過「奪權計畫」。

高雄事件的警民衝突，則是「短期奪權計畫」的最佳證明。起訴書用了不少篇幅描述高雄警民衝突事件，描述被告們如何「策劃暴力，糾合暴徒」，如何「指使暴徒，毆打憲警」。高雄事件之後，許多人討論警民衝突到底是因為「先鎮後暴」，還是「先暴後鎮」？現場的觀察和官方說法完全相反。現場觀看的人士都認為，因為鎮暴部隊堵住所有路口，而且對群眾施放催淚瓦斯，才引發群眾的恐慌、以及對憲警的攻擊行為。

官方的說法則認為，是群眾在美麗島人士的鼓動下，對憲警的主動攻擊。這也是「短期奪權計畫」下企圖推翻政府的顛覆行為。在遠離首都的城市，召集群眾手持木棍來推翻政府，簡直是異想天開。這些受過現代高等教育的民主運動者，除了失去自由，其智力水平也受到起訴書極端的侮辱。

更令人料想不到的是，軍事檢察官林輝煌後來竟然在法庭上說，黃信介等被告並不知道有此「長短程奪權計畫」之名詞，這是他自己根據被告的想法，加以勾劃歸納出來的。該檢察官構築叛亂情節之熱心，令人印象深刻，也充分顯示軍事法庭的水準。

至於「工作五原則」，姚嘉文在法庭上做了解釋。「間接原則」指的是迂迴做法；「團結原則」是讓更多人參加民主運動；「集中原則」是不要辦太多活動，要集中力量；「彈性原則」是計畫決定後必要時可以變更；「實力原則」是擴大實力，建立自己的力量，而不是以批評他人獲得選票。「暴力邊緣」則是當有人做票的時候，必要時不惜用暴力保護選票。前四項原則是民主運動、社會運動通常會有的策略。第五項原則特別受到起訴書和判決書的重視。

臺灣自有選舉以來就離不開舞弊。選舉舞弊是所有威權政府的共同特徵。用直接行動來抗議舞弊，是保障選舉公平的唯一方法。不過，軍事法庭卻將高雄的警民衝突事件，當作「暴力邊緣論」的實際應用。除了被視為暴力的實力原則外，軍事法庭對另外四個原則沒有太多著墨，它們都只是用來顯示，被告們有非常完整的顛覆計畫。不只有「長程奪權計畫」，也有「短程奪權計畫」；不只有「五人小組」，也有顛覆政府的「五個指導原則」。真是深思熟慮的叛亂團體。他們在遠離首都的城市企圖用木棍來顛覆政府，又顯示他們是一個天真愚蠢的叛亂團體。軍事法庭給了他們兩個矛盾的形象。

一九八〇年四月十八日，警備總部公布了判決書。除了前述黃信介和北京政府勾搭完全照抄起訴書之外，令人印象最深刻的是幾乎所有叛亂情節都來自被告們的自白。

施明德等所謂之「五人小組」，在姚嘉文、張俊宏及黃信介住宅數度謀議，先以申請設立美麗島雜誌社為掩護，發行雜誌散播台獨思想，發展組織，並研擬「長程與短程奪權計畫」，作為進行顛覆之步驟：即以美麗島雜誌為中心，舉辦各種活動，拉攏各方人士，擴展力量，形成舉足輕重之勢，以期攫取政權，此乃所謂「長程奪權計畫」；另利用各地群眾集會、遊行、示威，不惜與政府軍隊衝突流血，漸次升高暴力，迅謀推翻政府，即所謂「短程奪權計畫」。

和起訴書對照，判決書的文字又是幾乎雷同。和黃信介勾結中國政府官員罪行部分一樣，其他被告顛覆行為的部分，同樣是抄襲起訴書。對軍事檢察官所提的控訴，法官照單全收。所有被告都否認自白書上的說詞，法官仍然視為真理。這再一次顯示，審判完全多餘。判決書和起訴書最大的差異是，判決書加上了對被告的定罪：

黃信介處有期徒刑十四年。

施明德處無期徒刑。

姚嘉文、張俊宏、林義雄、林弘宣、呂秀蓮、陳菊各處有期徒刑十二年。

軍事法庭的審判長為劉岳平中校，審判官分別為徐文開、傅國光、郭同奇、楊俊雄四人。起訴主任檢察官為蔡籐雄中校，檢察官林輝煌少尉預官。

11 審判終結，運動再起

對民主運動領導人的軍法審判，是臺灣近代史上最重大的政治事件，抓住了全國人民的注意和想像。審判以八名被告的最後陳述劃下句點，然而卻是整個審判的最高潮，對眾多人民的情感激發強烈的動員作用，也推動了下一波的民主浪潮。

黃信介首先以他一貫的講話風格做最後陳述：「起訴書所講的臺獨、顛覆政府，不但被告不承認，也沒有一點證據……說我兩面勾搭，這個非常嚴重。開了這幾天庭，我對調查局有點失望。明明沒有的事，一定要我承認。如果我們八人判死刑對國家有希望的話，那我們沒話說。如果不是，怎麼會有這個案子？實在令人想不通。孫院長強調『政治學臺北』，表示臺北政治清明。今天有這個案子，令人相當遺憾。我們是認為政府英明、安定、容忍、寬大，才敢講話……這幾天來，我看這些被告應該無罪，不過我不敢講。希望庭上公正審判。」

接著由林弘宣做最後陳述。他首先更正一位辯護律師所說，將高雄事件當成叛亂行為是史無前例。林弘宣說：

我請這位辯護人不要忘記，大概在一千九百八十年前誕生在羅馬帝國殖民地猶太省的耶穌，在他三十三歲時因為傳揚愛心、和平、正義、寬恕等福音，被他的同胞中的政治宗教領袖們，以涉嫌叛亂抓起來，並提起公訴，控告耶穌意圖領導猶太群眾推翻羅馬帝國……結果近兩千年來被人類尊為救主的耶穌，被同胞以叛亂罪名處以十字架的死刑……我引這件影響人類歷史最深遠的判例，目的就是要引出耶穌臨死前所說的一句千古名言。耶穌活生生被釘在十字架上，他的鮮血一滴滴地流著，他非但沒有懷恨任何人，他反而大聲疾呼地說：「我的父，我的上帝，原諒他們，因為他們不知道他們所做的。」

法庭內開始出現飲泣的聲音。

被告現在的心情，跟我主臨死前很接近。我不懷恨非法抓我、侮辱我、折磨我的治安人員，以及背後指使他們這樣做的人。我懇求我的上帝原諒他們，因為他們不知他們所做的。我也懇求上帝安慰因本案正在受苦受難的共同被告，及其家人、親屬、朋友，以及海內外同胞。我同時也求上帝原諒我的一切過錯。

當他做完陳述，一位女法警淚流滿面，哭著走出法庭。

林弘宣之後，呂秀蓮朗讀她事先寫就的「最後陳述」長文。她在這篇以第三人稱所寫的書面陳述中，提到和調查人員「五十天的密集相處下」，

那麼多的自白書完成了。她被迫回憶從出生到入獄之間的瑣瑣細細，也被迫承認許多子虛烏有的「事實」。五十天的種種，有時候在等待槍斃的恐懼中度過，偶而也會在調查員偷偷透露的交保啦，不起訴的哄騙中作夢……她只有在夢中才能掙脫桎梏，飛回她的自由世界。

她不曾主張臺灣獨立，雖然她被調查局以臺獨叛亂的罪名羅織。她所堅持的只是，

臺灣的前途應由全體一千八百萬居住在臺灣島上的同胞來共同決定，而不是美國的霸權或中共的武裝侵略。她反對暴力，可是檢察官居然說她受人蠱惑，與人勾結從事暴力顛覆活動。她對臺灣前途的主張其實是依循最純真的民主方式，讓全民享受一、知的權利……二、言論自由的權利……三、公平參政的權利。盡量使人人享受公平參與決定共同命運的機會，無論用直接或間接的方式。還有什麼比這更民主更和平的方式呢？

呂秀蓮結束朗讀她的最後陳述之後，施明德被傳喚走上法庭。施明德說，

我剛才從座位上走到這裡，感覺上似乎走了比四十年還長的路途。根據我二十年來的經驗，以及這幾天的審理過程，我只希望傳播媒介不要把我的用心再度扭曲。我的懇求不是出於對生命、個人榮譽的追求，而是基於對我們熱愛的國家的這塊土地和人民一份執著的愛。我的好友林義雄家裡竟遭到這樣的慘禍，使我感到創痛深鉅。基於個人熱愛國家、土地、人民的心意……我也要向美麗島事件受傷的同胞，以及那些怨恨過我的反對

者致歉意……如果大家也是真心熱愛我們自己的國家、土地和人民，我希望也能接受我的懇求，並且請全世界的人都能收起拳頭，把對我愛護的心意，轉為對臺灣的熱愛，表現為愛好和平的心意成為震動和諧的力量。

被告不是為了表演，而是聽了林義雄的不幸遭遇，使我知道都是因為我們而惹起的。被告不是藉以要求審判長減刑，被告所要說的是，如果能夠平服國人的怨氣，能夠有助於國家的團結和社會的和諧，那麼被告很願意，請求審判長判我死刑，請不要減刑，我請求，我請求。

這時法庭內一片哭聲。

姚嘉文接著做最後陳述。他在陳述中說出了他心境的轉折：從希望倖免於難，轉變為勇敢迎向自己的理想、美麗島的未來。

我本來在調查局曾經因為心灰意冷而同意接受他們的安排，希望我們幾個人能逃出這項災難。就像一千九百多年前基督徒遭受羅馬人的迫害時，使徒彼得想逃出羅馬、逃避迫害的心情一樣。可是彼得在途中遇到要進入羅馬共同受難的耶穌基督聖靈，說出那句一千多年來令人深省的一句話：「主啊，你往何處去？」彼得然後決定回羅馬和教徒一起殉教……起訴後有人來表示，只要審判中合作，就可以像余登發一樣保外就醫。被告現在向庭上及各位朋友，以及我親愛的家人表示，我已決定像彼得回到羅馬一樣，回到美麗島和我的朋友一起承受這場災難。我問自己：「你往何處去？」Quo Vadis，我回答自己：「回美麗島」。我願向妻子表示我的歉意，我已經決定自己奉獻給你命名的「美麗島」三個字上。審判長及各位審判官，被告請求庭上在我們的判決書上記載，被告不承認檢察官所指控的犯罪，只承認我們願意為臺灣民主運動及美麗島獻身，被告只要求判無罪，不要求因為認罪而減刑。我相信臺灣民主運動的推展，不是任何人可以阻止的。

姚嘉文最後這一段話，應該是臺灣民主運動史上最重要的文獻之一。根據現場記者的描述，姚嘉文的話讓「律師們頻頻擦淚，在場許多記者、旁聽者也都淚流滿面」。

陳菊在最後陳述中，首先要求情治人員歸還在逮捕她的時候，拿走的相片等私人物品。然後她說，要說的話都已經說過了，唯一要強調的是：她一生的信念都是在維護人性與個人權利。她說，被逮捕的那一天是從遇害的林亮均和林亭均的房間走出來的。她請林義雄回家後代替她親吻倖存的女兒奐均。然後她一一呼喚其他被告的名字，每唸到一人就轉身面對那人，並且輕輕頷首。然後她道別：「我最後要說的是，我愛你們，也會懷念你們。」

陳菊的最後陳述最為簡短。雖然只用了四分鐘，卻完整地表達她的心境，也明顯暗示了這場審判秀的本質。既然要將警民衝突虛構為武力顛覆政府，既然劇本都已經寫好，再說什麼都是多餘的。她只能向親友道別：「大家珍重，但已沒有再見。」陳菊似乎已經在心裡面準備好走向刑場。所有的人，記者、家屬、律師、被告，都淚流滿面。

陳菊之後，張俊宏接著以他慣有的理論分析風格做最後陳述。他說：

> 我政府應該注意兩件事。第一，防止高雄事件再度發生。第二，對《美麗島》雜誌在政治意向上的憂慮，朝野應該關心的是國家安全為第一。我們美麗島也是努力在維護國家安全，只是朝野在方法上都犯了錯誤。在防止群眾事件，已不適用嚇阻。用嚇阻會使人民心理上產生兩種狀態。一是同情，一是仇恨黨外人士，造成兩方的對立……若殺一儆百，將會造成一發不可收拾的後果……他們是愛自己國家，愛自

己鄉土的。另一方面，黨外擴張太快，使執政者恐懼，任意醜化我們，造成林家悲慘之事，使他背上十字架。放任他人使用了暴力。希望這個悲劇很快過去。請庭上轉此危機，給予公正審判。

最後輪到林義雄做最後陳述。他首先對檢察官的控訴逐一駁斥，包括他受「蠱惑」、「五人小組」、「長短程奪權計畫」等。他接著指責檢察官失職，將他交給警備總部，後來又容許警備總部的人來「關心」他。然後他說：

我在這裡沉痛地指出，我們這個社會仍然有些人根本否認，人類會為了追求更高的精神生活而奉獻的可能性，否定人類會為了追求更完美的社會而捨棄一己私利和私欲。

我受中國傳統教育的薰陶，認為一個政治人物必須有民胞物與的精神、世界大同的理想，即使他沒有能力做到。但他必須有這種胸懷和理想，否則他不配從事政治工作……我迄今堅信，民主自由是人類有史以來最佳的生活方式，所以民主自由成為我追求的目標。

依我所信仰的民主理論，我認為言論自由是當然而必要的。因此我不反對人家以言詞主張臺灣獨立。但我不贊成有人自作聰明，擅自決定臺灣應該獨立，而忽視全體同胞的意願……無論是反攻大陸、統一、獨立，任何一種解決臺灣問題的方式，都必須透過全體同胞廣泛而自由的公開討論，以民主投票的方法來加以處理。

我喜愛英國哲學家的一句話：「我隱約看到一個充滿喜樂的世界，在那裡心靈得以擴展，希望無窮，任何高貴的行為，都不會被曲解成企圖達到卑鄙目的的手段。」我喜愛這句話，我從政的目的就是在追求這樣一個喜樂的世界。我在這裡虔誠的呼籲，希望我的全體同胞和我共同為這樣的理想而努力。

林義雄被逮捕前幾天，根據英國民主思想家洛克的理論，譴責國民黨是叛亂團體。在最後陳述中則以中國傳統的政治理念，暗示蔣經國不配從事政治工作。他然後重申臺灣獨立和統一的問題，應該透過民主方式來決定。他在偵查庭中被問到主張臺獨的時候，就清楚、完整地說出他的理念：「臺灣前途應由臺灣全體人民來決定。我曾說，臺灣獨立就如美國脫離英國一樣。這些思想都是我自己形成的，也是我的看法。根據我信仰的民主理想的當然結論，不是臺獨意識。一千七百萬人也可能共同決定馬上反攻大陸。」然後在陳述的最後一段，他引用羅素的話提出了他嚮往的政治境界。這個境界正是長久生活於獨裁統治下，終日與謊言和恐懼為伍的臺灣人所無限嚮往的世界。

根據姚嘉文夫人周清玉女士的回憶，在審判過程中《自立晚報》的記者一邊記錄，一邊掉眼淚。幾乎所有被告的最後陳述，都引發了旁聽者的眼淚。如今我們只能想像，九天以來報紙所刊載的這些話語，在民眾心中產生何種情感。這是臺灣史上從來沒有發生過的事件，也是臺灣民眾從來沒有過的體驗。

軍法審判的被告們在三月二十八日做最後陳述三天之後，臺北地方法院檢察官孫長勛對另外三十三名民主運動參與者提出公訴。四月十六日召開調查庭，三十三名被告分三天出庭。他們的審判雖然不若軍事審判震撼社會，不過同樣引起社會廣泛的關注和同情。

雖然大多數的被告都遭受刑求，在精神上和肉體上遭受不少苦楚，三十三位被告同樣沒有人在法庭上認錯。作家楊青矗在辯論庭上說，「我覺得沒有做錯什麼，沒有什麼可以後悔的。如今我深深感受到偵察和審判是一場大騙局。」最後的陳述又說，「偵查都是用騙術，堂堂的政府軍法處和司法的國家機關，竟然都是大騙局……本案是要撲滅美麗島人士的政治鬥爭。」他被判刑四年兩個月。

作家王拓說，「歷來的權勢者都用法律做為政治鬥爭、排除異己的工具……這是一場國家與個人的最大不幸。」他被判刑六年。

《美麗島》雜誌的編輯魏廷朝，在辯論庭上質疑高雄事件的官方說法。「根據起訴書，只有九個人動手毆打憲警；可是卻有一百八十三人受傷，而且憲警都是頭戴鋼盔，手持盾牌和電棍，訓練有素。為何會如此？讓人無法想像。」魏廷朝在最後陳述中也嘲笑了法曹的中文程度，「我當編輯時多難的文章都看得懂，但起訴書卻看不懂，太含糊籠統了。而且從頭開始，一路用逗點用到底，真是天方夜譚。」他被判刑六年，加上前兩次的徒刑，他總共被國民黨關了十七年又兩個半月。

《美麗島》雜誌社經理蔡有全同樣嘲諷說，「我從小學受教育到大，都不知道我們法院的系統是：地方法院、高等法院、最高法院，最高法院之上還有警備總部。我要請問我的律師，起訴書矛盾、漏洞百出，沒有事實的舉證是不是偽證？」他被判刑五年。

偵訊中被慘烈刑求的紀萬生老師，引用林肯的話說，法庭「能騙人一時，不能騙人一世。能騙得一部分人，不能騙所有人」。他被判刑四年半。他和戴振耀是少數沒有被提前假釋而關滿刑期的人。

《美麗島》雜誌主編陳忠信說，這個「審判正如俄國詩人普希金的詩：『監獄的門終將打開』，耶穌被猶大出賣時禱告說：『我父啊，這杯苦酒若不能離開我，必要我喝，就願你成全。看哪，賣我的人近了。』與三十三位共同被告互勉」。《美麗島》雜誌的發刊詞，就是他的手筆。他被判刑四年。

《美麗島》雜誌的臺中社務委員蔡垂和，在最後陳述中挑戰檢察官起訴他們的動機。「公訴人或許基於愛國情操起訴我們……愛國應具有道德，沒有道德的愛國是有罪的。我以身為《美麗島》的一員為榮，並向移送軍法審判的八名被告致敬。」他被判刑三年。

陳慶智被起訴書指控受陳博文邀約，從臺中前往高雄參加暴力事件，遊行前分發臂章，遊行時高呼口號。他在答辯的時候澄清，「我不是受陳博文的邀約。我是自己去的。我有戴臂章，因為上面有『人權』兩個字。我崇尚人權。」在最後陳述時，他又承認，「我是有喊『臺灣人萬歲』。喊『臺灣人萬歲』沒有什麼不好。我認為今天居住在臺灣的都是臺灣人。我對外省人一向沒有成見。」他被判刑一年。

陳福來是《美麗島》高雄分社的工友，他的父親在高雄賣蚵仔麵線。尤清回憶，他父親在他的律師事務所邊說邊流淚：「我這個兒子沒什麼用。不過我很高興，因為他參加跟國民黨對抗。我生這個兒子就很甘願了。」「難道臺灣都沒有人了？國民黨不怕任何人，天公也不怕，無法無天。」

《美麗島》雜誌高雄分處業務員蔡精文數年來一直熱心參與民主運動，他被控訴「附和暴徒，隨行示威」。他在最後陳述中說，「臺灣是美麗島，我們生於此、長於此的寶島，我把我的心獻給美麗島，以及島上一千七百萬人民。」他被判刑九個月。

這不是臺灣第一次公開審判政治犯。二十年前對雷震的公開審判，媒體只是簡略地登了新聞，而非被告在法庭上的陳述。該案只有四名被告，其中僅為首的雷震較為知名。而且審判一天就匆匆結束，沒有引起太大震撼。這一次卻遠為不同。軍法審判的被告都是民主運動的知名人物；除了許信良滯留美國沒有回來、康寧祥倖免於難之外，所有的運動領袖都被逮捕，而且都無畏地在法庭上陳述了他們的理念。自國民黨統治臺灣三十多年以來，這是從未有過的政治大震撼。

四十多位被告在法庭上的表現，不只沒有符合政權的期待，甚至將審判翻轉為不義政權對義人的審判，對民主理念的審判，甚至是對臺灣人民的審判。也正是這樣的表現，加強了情感動員的效果。

由於缺乏完整的資訊，我們如今只能想像這些事件、以及被告們的表現，對一般民眾產生的衝擊，其情感動員的廣度和強度。蔡有全後來回憶說，當他在監獄裡的時候，一位在臺北做生意、他不認識的生意人鄭英鏘，每星期從臺北開車到他高雄縣的老家，送五千元給他的父母。

二十年前蔣介石逮捕雷震之後，所有的反對者都沉寂，民主運動立即消散。整肅雷震固然招致美國的中華民國之友的批評，不過也為國民黨政權換來二十年的安寧。蔣經國以父親為師、向歷史學習，以為他的獨裁政權可以因此獲得數十年的安靜。結局卻是完全不同。不同的結局成就了華人社會第一個民主體制。

12 臺灣人的情感動員

民主運動遭受徹底整肅之後，卻吸引更多人投入，民眾的支持也更為熱烈。意外蓬勃發展的民主運動讓蔣經國先前面臨的「獨裁者的兩難」（dictator's dilemma），成為「獨裁者的幻想」。「獨裁者的兩難」是當政權面臨強烈挑戰時，放任挑戰將逐漸侵蝕統治的基礎，強力加以壓制則將引起更大的反彈，甚至危及政權的生存。解決方式是：適度地壓迫以消除挑戰者，可是又不引發更大的反彈。然而美麗島事件之後更為強壯的民主運動，卻證明了蔣經國用壓迫來解決這項兩難，只是陷入「獨裁者的幻想」。

並非所有的政治壓迫都能引發更大的反彈。雖然政治壓迫毫無例外地撕毀獨裁者先前的慈愛面具，可是當運動的領導人被逮捕、挑戰政權的行動顯示高風險的時候，運動可能因此而沉寂，而非引發大反彈。先前自由中國組黨運動就是一個例子。可是為何某些運動被壓制之後，反彈卻更大？

美麗島事件本身發揮了什麼政治效果，讓民主運動不只延續，而且更為強大？雖然歷史學者很早就關注歷史事件，社會科學界直到晚近才體認到，重大事件對政治過程所造成的巨大影響。美國一群研究抗爭政治的社會學者，前幾年在其集體研究計畫的後期，將視野從長期的結構性因素轉移到短期的因素。短期因素中最重要、也最常被忽略的，就是「事件」對政治過程的影響。事件經常是歷史轉變的標記，因為它「改變、或違反了政治秩序和社會關係的既定規範」，因此成為「過去和未來之間的轉換器，它是過去所累積的結果，卻也象徵著未來」。

事件通常以兩個方式影響隨後的歷史轉折。第一是它短期間在一般民眾當中所創造的情感動員（mobilization of emotion）、道德憤怒，以及普遍性的政治關懷。美麗島事件包含幾個部分：一九七九年十二月十三日的大逮捕、一九八〇年二月二十八日的林義雄家人屠殺、二月二十八日至三月二十八日的軍法審判、四月十八日的軍事法庭宣判、四月二十四日高俊明牧師被捕、六月二日一般法庭起訴三十三位民主運動人士。一連串的重大事件於半年內陸續發生，對臺灣社會造成巨大衝擊，也因而改變了隨後的政治過程。這是臺灣的民主運動在挫敗之後能迅速再起的重要基礎。

除了短期效果之外，事件也有長期而深遠的影響：它創造了積極、高度行動傾向、政治覺醒的民主公民。這項政治動員效果並沒有因一九八〇年代後期的民主轉型而消失，它持續影響著臺灣的政治走向。用美國政治學的語言來說，美麗島事件是「政黨認同組合」的分水嶺。它創造了對「黨外」（以及後來的民進黨）的長期支持群體。臺灣選民的政治支持從此分為明顯的兩大對立區塊。

在大多數的政治變革、社會運動、革命中，其過程都包含著類似的重要事件，如法國大革命的攻占巴斯底監獄事件，美國黑人民權運動一九六〇年的格林斯波羅（Greensboro）靜坐抗議事件和一九六四年密西西比民主黨代表大會事件。有人或許會加上「自由夏天」事件。它們都在長期的政治發展中起了的重要作用。

事件不只影響長程的政治發展，也經常因為具有象徵性意義，而成為政治變革的標記和運動的象徵。美麗島事件同樣成為臺灣民主運動的象徵。這些象徵有時是在事後被賦予。其中最獨特、有趣的例子，或許是攻占巴斯底監獄事件。當天早上巴黎的示威群眾搶奪了數千支步槍，然後轉往巴斯底監獄試圖搶奪儲存在裡面的彈藥。監獄守軍擊斃將近百名群眾之後，對屠殺人民感到厭惡而放棄戰鬥。群眾於是攻進巴斯底監獄加以占領，也確實釋放了一些囚犯：四名騙徒、三名瘋子。他們將指揮官的頭顱割下，插在木桿上遊街慶祝。正在凡爾賽開會的改革進步派得知這項消息，對群眾的「非理性、盲目、傳染性的暴力行為」感到震驚和憂心。有人甚至認為這是國王路易十六抗拒改革、抹黑民主勢力的政治陰謀。直到後來國王讓步，政治情勢開始急轉，攻占巴斯底監獄才成為「自由對抗暴政」的象徵，也成為整個革命的重要標記。大多數的事件都沒有如此離奇的轉折。不過，幾乎所有事件的重要性和影響力都同樣在事後很久才被理解。

事件之所以發生固然是結構性因素長期累積而成，然而事件所影響的卻是人的行為。因為事件，人對既有秩序產生反感，特別是對統治團體的厭惡，以及對不義壓迫的道德憤怒。透過情感動員，事件將先前的旁觀者轉化為支持者，將潛在的支持者轉化為積極的參與者。美麗島事件正是這樣一個轉型式的事件。

也正是這樣的普遍性的情感動員，支撐了下一波的民主運動。在民主運動的領導階層和幾乎全數積極參與者被逮捕之後，運動並沒有因此沉寂。相反的，被逮捕者的家屬和辯護律師，都繼續投入選舉，也取得甚大的成果。而新出現的年輕世代則積極從事宣傳工作，黨外雜誌前仆後繼地出現，不斷被國民黨政府沒收、停刊，也不斷重新登記、出版。

這個階段的情感動員效果如何，我們缺乏有系統的資訊。因為在威權獨裁體制下，客觀的社會科學研究不可能存在。在恐怖的氣氛中，大多數人、尤其是民主運動的參與者，都不願意留下文字的記載，甚至是私人的日記。勤寫日記的黨外人士劉峰松，為了「不願意留下將來可以被國民黨入罪的證據」，在美麗島事件之後停止撰寫日記。他在美麗島大審的次年，被國民黨當局以「煽惑叛亂」的罪名判刑三年半。關於這個階段的感情動員，我們只有零星的回憶。

軍法大審那一年的十二月，因為美國和臺灣斷交而中斷的中央民意代表補選，重新恢復。總共七十三席的國大代表名額中，黨外獲得十三席。七十席立法委員名額中，黨外獲得十席，包括許榮淑、黃天福（黃信介的弟弟）、黃煌雄、康寧祥、張德銘、黃余秀鸞（余登發的女兒）等人。競選國大代表的姚嘉文夫人周清玉女士，以有史以來的最高票十五萬三千多票當選。幫助她競選的志工如林世煜、陳文茜，都是在美麗島事件後參與民主運動的新世代。在美麗島事件之後的選舉中，幾乎所有的黨外候選人都以「延續黨外香火」、「追隨前輩腳步」、「延續黨外命脈」等口號為訴求，象徵民主運動不因獨裁政權的摧殘而消滅。

辯護律師張俊雄對周清玉說，「你知道你為什麼獲得最高票嗎？因為你上臺就說：我丈夫是姚嘉文，然後就開始哭。」雖然是玩笑話，不過也反映了當時民眾對美麗島被告的同情和不平。周清玉競選集會的第一場演講，就是以朗讀姚嘉文的獄中家書做為開始。南非反種族隔離運動的象徵曼德拉在獄中的時候，其組織在倫敦海德公園舉辦的「朗讀曼德拉家書」活動，吸引了二十五萬人參加。群眾前來支持當然是因為認同政治理念。可是獄中家書的朗讀訴求的卻是感情，和受難者及家屬分享同情心和同理心。周清玉用〈望你早歸〉當作她的競選歌曲；美麗島辯護律師鄭勝助回憶說，這首歌一播出來，群眾就掉眼淚。

最能清楚顯示情感動員效果的行為，或許是民眾對民主運動的慷慨解囊。在周清玉競選期間，助選員拿著帽子請民眾捐錢。有一位警察也偷偷捐錢，可能是太緊張了，連警察的證件也丟入帽子裡。助選員發現後趕緊拿回去還他。

這是當時家屬競選的共同經驗。張俊宏夫人許榮淑女士同一年參與立法委員選舉，臺中的張深鑐醫師不顧政治恐怖捐了十萬元（當時中學教師月薪四千元）。許榮淑準備八部宣傳車，可是司機都被警察嚇跑了，沒有人敢來開車。她於是將宣傳車停在辦事處，就地播放張春男製作的宣傳帶：「可憐啊，天啊，地啊……」，然後播〈望你早歸〉，於是民眾就紛紛將錢丟進宣傳車。許榮淑後來接辦《深耕》雜誌，雜誌經常被警備總部沒收。只要報紙登出雜誌被沒收、雜誌社損失數十萬的消息，隔天雜誌社的帳戶就有錢匯進來。

林義雄的夫人方素敏女士在命案之後將倖存的女兒帶到美國生活。她於一九八三年從美國回到臺灣，參與立法委員選舉。這時林義雄還在監獄裡。剛在醫院中生產不久的趙綉娃，於是將剛滿月的兒子留在醫院，隻身去幫方素敏助選。選戰結束她回醫院領回兒子的時候，兒子已經長大到醫院的嬰兒床幾乎容納不下了。數年前的血案當天，趙綉娃在第一時間趕到仁愛醫院，發現林奐均被安置在急診室，任何人都可以自由進出，卻沒有安全人員保護。直覺感到這是政治謀殺的趙綉娃，立即要求院方將林奐均移入單人病房。她除了派人立即將自己的兩個女兒送到祖母家裡保護，也要同為省議員的先生傅文政聯絡警務處，要求派遣警力保護林奐均。此後，趙綉娃一個人在林奐均的病房中保護奐均，控管人員進入，直到方素敏趕到醫院。

作家楊青矗當時已經出獄，他在《美麗島進行曲》一書中對群眾的熱情有極生動的描述。方素敏在三重國小演講完之後，群眾圍住演講臺不肯離開。五百元、一千元、三千元、一萬元，一張張、一疊疊鈔票往臺上丟去。我被司儀蘇治芬拉上臺幫忙撿錢……鈔票包著硬幣「槍林彈雨」從操場各角落傳遞到臺邊丟上來。好多丟過頭掉地上的，臺下的人連忙撿起來再丟上來……我們四個人在臺上手忙腳亂足足撿了半個小時的錢，撿了一大紙箱。臺上擴音機喊演講會已經結束，請大家慢慢離開，群眾仍然圍住演講臺繼續將錢丟上來。

方素敏回來競選，上千人連夜趕到中正機場迎接，熱淚盈眶地護住她，歡呼她。她回來面對在中正機場歡迎她的人群，面對在羅東鎮歡迎她的盛會，面對數萬聽政見的鄉親。站在臺上的她，滿臉苦難的風霜，無淚可流。只要方素敏一站上臺，她不必講話，臺下的人便失去抵抗力，情不自禁地嚶嚶哭泣，手拭眼淚。哭吧，讓大家在方素敏淒婉的政見聲中哭一場，以眼淚來洗淨凶手對林家所做的罪惡；以眼淚來洗淨三、四百年來臺灣受外來政權統治的悲慘。

民眾的情感支持一直持續到民進黨成立。民進黨成立之後的第一次立法委員選舉，黨主席江鵬堅到政見發表會簽名賣書、募款。南部一場大約可以募五、六十萬。十場晚會總共可以募到六、七百萬元。

此後，雖然領導人都在監獄中，黨外仍然不斷地有人參與選舉，而且新人輩出。一九八一年年底省議員和縣市長選舉，黨外獲得三席縣市長（屏東縣邱連輝、彰化縣黃石城、宜蘭縣陳定南），十四席省議員（蘇貞昌、游錫堃、蔡介雄、謝三升、傅文政、蘇洪月嬌、周滄淵等），八席臺北市議員（陳水扁、謝長廷、林正杰、康水木等）。

除了參與選舉，民主運動中出現年輕的新人大量參與黨外雜誌的興辦、編輯和撰寫。軍法大審尚未結束，康寧祥即創辦《亞洲人》，是《臺灣政論》的延續。該雜誌由司馬文武擔任發行人，他是威權時期唯一敢於公然和民主運動者站在一起的記者。《亞洲人》不到半年被停刊，康寧祥隨即創辦《暖流》，由其堂弟康文雄任發行人。同時期，黃信介的弟弟黃天福則創辦《鐘鼓樓》。一九八一年，民主運動中最有活力的新生代林正杰創辦黨外第一份週刊《前進》。當選立法委員不久的張俊宏夫人許榮淑，兩個月後也創辦《深耕》。四個月後，國大代表周清玉創辦《關懷》雜誌。一年之內，出現了八份黨外雜誌。此後黨外雜誌不斷被國民黨政府查禁、停刊、吊銷執照，也不斷改名重新申請加以接替。《前進》停刊之後，改為《前進廣場》；《深耕》由《生根》接替；《鐘鼓樓》由《蓬萊島》接替。

《關懷》雜誌出現不及一年，美麗島大審辯護律師尤清也創辦了《博觀》雜誌，由後來有黨外理論家之稱的林濁水擔任總編輯。尤清於一九八〇年競選監察委員，因余陳月瑛、傅文政、邱連輝、何春木、周滄淵等五位黨外省議員拒絕重金賄選，當選了首位黨外監察委員。監察委員由省議會和院轄市議員間接選舉產生，選舉人數少，賄選容易，賄選金額也高到超乎一般人想像。「金牛級」候選人為了保證當選以免投資損失，寧願超買。有候選人超買，就有選舉人一票多賣，導致國民黨的配票失序、其提名人落選。宋楚瑜在二〇一八出版的《蔣經國祕書報告！》中提到，省黨部主任委員關中為了維持賄選秩序，發明由黨部統籌買票的機制：候選人將買票錢交給黨部，由黨部統一買票，不多買也不少買。

隨著黨外雜誌的大量出現，一群新世代的年輕人也加入了民主運動。這些新出現的青年黨外運動的黨工，於一九八三年成立「黨外編輯作家聯誼會」，選出林濁水擔任第一任會長，邱義仁為副會長。該會成立時就有一百零五位創會會員，數目遠遠超過數年前被國民黨逮捕的民主運動中的工作人員。

一九八三年的增額立法委員選舉，「黨外中央後援會」提出十條共同政見。其中第一條為「臺灣前途應由臺灣全體住民決定」，以民主原則包裝臺灣的認同，也挑戰了國民黨政權用來護衛威權體制的中國統一原則。第二條則是「徹底實行憲法，廢止臨時條款，解除戒嚴令，恢復人民言論、出版、集會、結社之基本權利」。第三條：「全面普選中央民意代表」。這三條政見等於試圖徹底摧毀國民黨的威權體制，將臺灣政治改變為完整的民主政治。對於愈來愈強烈的挑戰，獨裁政權將如何因應？

美麗島事件之後，民主運動的發展完全不同於第一波民主運動被整肅之後。雷震及其《自由中國》雜誌社同仁於一九六〇年被逮捕之後，民主運動立即消失。國民黨獲得了將近二十年的安寧。可是新一波民主運動卻出現完全相反的結果：社會反應強烈，運動也繼續茁壯。造成這項差異的原因，除了情感動員，另一個原因或許來自世代差異。

一般所說的世代政治，其實是兩個不同日曆重疊而共同作用的結果：人生週期和歷史經驗。兩波民主運動的領導者，在這兩個日曆上都處於不同的階段。在歷史經驗的日曆上，美麗島世代（不論是領導階層、積極參與者、辯護律師或家屬）幾乎全在戰後出生、成長。不像第一波民主運動的前輩，他們沒有親身經歷過日本殖民統治、二次大戰、二二八事件的動盪。他們成長於安定的環境中，受過高等教育，其中許多人甚至有在歐美民主國家生活和求學的體驗。他們自然被理念所吸引，也容易跟隨理念而行動。

在人生日曆上，兩波民主運動的領導者也處於不同階段。第一波的參與者多已逐漸離開壯年、步入老年階段，第二波民主運動的參與者則多處於年輕和壯年階段。在第一波民主運動被撲滅的一九六〇年，美麗島事件領導者不是仍然在大學就讀就是剛進入職場，而積極參與者則大多仍是中學生。到了一九八〇年代，這些人已經成熟，也具備充足的社會和知識資源。他們比較「樂觀，也願意冒險」；不同社會的年輕世代都有這些共同的特徵。

世代和歷史經驗固然是重要的背景，然而最重要的動力還是追求民主的決心。如今我們知道第二波民主運動在不到十年的短期間內順利成功，我們知道國民黨沒有繼續逮捕他們。可是他們當時並不知道。而且，在美麗島事件的大逮捕之後，國民黨政權繼續逮捕民主運動參與者的可能性非常得高。正如英國十九世紀一位歷史學家所說，「我們必須認知：所有發生於過去的事情，其實都發生在將來。」對我們而言，民主化的成功是過去，他們沒有被逮捕也是過去的事情。可是對當時的行動者而言，這些都是不可知的將來。沒有人確知，蔣經國是否會繼續整肅、繼續逮捕民主運動人士。如今我們知道民主化順利成功，可是當時為它奮鬥的人並不知道。我們書寫歷史時，不能忘記這點。

當壓迫無法剷除民主運動，反而讓運動更強大，獨裁政權將如何面對更大的挑戰？蔣經國會繼續頑抗民主潮流，還是會做出讓步？

13 威權帝國反擊

歷經美麗島事件大逮捕、大審判之後，民主運動不但沒有消失，反而更為強壯。這個階段中，臺灣出現了許多學者所寫的反動論述：當同胞為民主奮鬥的時候，他們以半生不熟的學術理論攻擊民主運動，削弱人民追求民主的意願。這些知名學者發表言論不到五年之後，民主轉型在臺灣發生。他們訴說的「臺灣欠缺民主的條件」、「民主不是短期間可以達成」、「臺灣人沒有民主文化」等言論，立即成為歷史灰燼。然而這些言論仍然值得存入民族記憶，因為那是臺灣學者失去職業尊嚴的開端。

面對美麗島事件之後更為強大的民主運動，獨裁政權無法立即以武力再度加以壓制。大逮捕、大審判畢竟才發生不久，人民記憶猶新。因為對社會造成巨大衝擊，讓國民黨的國際形象和人民支持，都受到不小的傷害。在大逮捕的陰影下，民主運動這個階段中所面臨的，除了政權的不斷騷擾外，就是獨裁政權以及它的學者所傳播的反民主論述。

受到第三波民主化世界浪潮的刺激，美國社會科學界對民主化的研究和討論在這個時期大量出現。這些學術理論適時地成為學者用以打擊臺灣民主運動的思想武器。雖然獨裁政權在選舉領域和街頭運動中節節敗退，它在思想戰中卻占盡上風，因為獨裁政權永遠不缺乏願意為它效命的學者。而且，獨裁政權控制了所有主流的傳播媒體，反擊的聲音難以和它抗衡。

所有的政權都需要正當性，所有的統治者都需要被治者的同意。不論是經由民主選舉或由革命、政變產生，或是透過家族繼承，所有的政治領袖都企圖讓人民認為，其權力的來源非常正當而且合理，其統治方式也符合社會需要。「很少統治者會滿意於只能說，『我有槍，你沒有！』或者『因為我們有權力，所以我們有權力。』」所有的統治都需要正當性。民主政府統治者的正當性，來自定期選舉所獲得的人民同意。依賴革命或政變取得政權的東歐共產黨政權，其正當性來自意識形態所引導的社會變革、新世界和新人性的創造。然而所有共黨政權後來都只剩下空洞的意識形態和赤裸的暴力。拉丁美洲和亞洲右派的威權政府，則缺乏意識形態、也不以社會大變革為目標，其正當性大多來自兩項基礎：對領袖個人的信任、或官方宣傳所塑造的崇拜；以及經濟發展和社會安定帶來的利益。

大多數正當性的基礎都是道德原則（民主程序、法制）、或是政治理念（社會變革、領袖的號召魅力）、或是傳統（家族繼承），唯有以經濟表現的正當性是以物質利益為基礎。因經濟利益和社會安定而選擇的支持和服從，政治學者稱為被治者「物質基礎的同意」。經濟利益當然是生活中的重要價值。可是，眾多人眼中只有物質利益，看不到人類文明所孕育的民主和自由價值，對社會的發展顯然不是好事。他們沒有認識到，良好的經濟表現和治理其實只是國家領袖的基本責任，很難稱為是其「貢獻」。因為缺乏這樣的認知，許多經濟表現良好的獨裁者，即使傷害人民的生命，仍然獲得民眾高度的肯定。

以經濟表現和社會安定取得正當性的難題是，經濟好景通常無法持續。當經濟表現不再亮眼，威權政府就失去了正當性；當沒有經歷過社會混亂的新世代成年，社會安定對他們不再有吸引力，民主價值就成為他們追求的目標。而當政治宣傳所創造的強人或救星，和常人一樣死亡，政權也將失去重大的支柱。威權政權遲早會全部失去所有這些賴以獲取民眾支持的資源。所以，「威權政權的天性就是：注定遲早面臨正當性的危機。」

和其他的威權政權相較，國民黨有一獨特性，它具有一個官方意識形態：三民主義。可是這個官方意識形態不但無法為它創造正當性，反而終究會腐蝕人民對威權統治的支持。因為三民主義中的民權主義，是一個不折不扣的自由民主主義。三民主義的創作者，被國民黨奉為國父的孫中山，在一九二四年闡釋民權主義所做的六次演講，充分顯示他對西方民主政治的心儀，包括男女參政權的平等，「四萬萬人民都是皇帝」，都享有選舉、罷免、創制、複決的權利等。「民權思想是不能消滅的，」他這樣說。「用我們的民權主義，把中國改造成一個全民政治的民國，要駕乎歐美之上。」

高舉自由民主的官方意識形態，卻實施威權獨裁統治，國民黨如何正當化它的威權統治呢？和共產黨內戰導致的「非常時期」，解決了所有的正當化難題：國民黨政權是一個追求自由民主的政權，只是因為國家處於內戰狀態的非常情境，所以：民意機關不能改選；總統必須無限期連任直到死亡；憲法保障的自由和權利，因為戰爭期間的戒嚴必須取消；所有挑戰威權統治的人都是對方的間諜，包括蔣介石多年的助手雷震，以及後來的黨外運動領袖余登發、黃信介等。所有的威權獨裁統治措施，都因為處於內戰的非常時期得以正當化。

可是內戰導致的國家分裂非常狀態，隨著國際局勢的變化而逐漸成為正常狀態。一九七一年中華民國在聯合國的席次為中華人民共和國取代，象徵內戰的結束。結束的形式不是國民黨統一中國，而是國民黨頂多只能在臺灣生存。全面改選中央民意代表的呼聲，就是在這個時候出現。一九七八年十二月，國民黨努力構築的「非常時期」景觀，承受了更為致命的一擊：美國宣布將和中國建立外交關係，同時和臺灣斷交。

當「非常時期」成為正常狀態，國民黨實施威權統治憑藉的所有藉口全部失效。因此國民黨需要新工具，以抵擋要求民主的呼聲。於是社會政治學者從當時美國政治學者的民主化理論中，找到了新工具。

在美麗島事件之前，以學術理論、或學術概念為威權統治辯護的努力就已經出現，《美麗島》也曾經正面加以迎戰。美麗島事件之前，桃園縣長許信良參加余登發被逮捕引發的橋頭示威，遭行政院公務員懲戒委員會以當天沒有請假為由，處分休職兩年。民間和黨外人士對「曠職一天休職兩年」的處分，以大規模群眾集會的方式表達不平和憤怒。社會對立的氣氛高漲。

當時一位新聞記者彭懷恩在其〈缺乏共識是政治不穩定的關鍵〉的文章中說，政治衝突的產生是因為「雙方對競賽規則沒有共識」。國民黨政權對許信良的處罰是根據「地方自治綱要」的規定，民選縣市長適用《公務員服務法》；這是「依法而治」。而黨外人士根據另一種「法治」原則，否認這個綱要的正當性。可是，黨外人士參加選舉就是根據地方自治綱要，也根據該綱要而獲得政治職位，可是卻又不願意受它拘束。這是雙重標準。如果黨外人士不接受這個綱要的正當性，就不應該參加選舉。作者使用許多學術用語將獨裁政權對民主運動者的壓迫，解釋為「雙方缺乏共識」。《美麗島》的創刊號於是刊出吳乃德和何一燈（《美麗島》主編陳忠信）的文章〈也談政治共識與法治〉加以反擊。

《美麗島》雜誌從第二期開始，繼續展開對反動論述的反擊。吳忠慶〈讓我們來打破各種神話〉反擊了金耀基在該年八月發表的文章〈政治現代化之突破與境界〉。金的文章引用杭亭頓「大眾政治」的觀點，「從最近幾次選舉的情形觀察，臺灣似已有大眾政治的色彩……臺灣大眾政治的陰影日再擴大……我們已瞭解『大眾政治』對文化的傷害性，但不知『大眾政治』對政治（特別是民主）的傷害性可能更嚴重。」民主運動在國民黨的強大壓力下，唯一的發展途徑是透過選舉動員民眾的認同和支持。如此低調的政治動員，仍然不斷被國民黨騷擾，甚至以舞弊改變選舉的結果。如今更被學者描繪成

「庸俗化、商品化、感官化」，「將政治行為訴之於大眾的情緒，訴之於大眾的感性的性格，他更有將政治推到社會政治制度以外」的性格。

金耀基是香港中文大學社會系的教授。他勤於撰寫政治評論，是威權時期發表最多反民主論述的學者。臺灣民主化之後，他獲選為中央研究院第一位社會學的院士。

美麗島事件之後，因為民主運動的再生和茁壯，以及威權體制正當性逐漸受到侵蝕，國民黨政權對反動論述的需求更為強烈。學者們也適時提供了服務。學者們所提的反動論述，大多改裝自美國社會科學界的理論。它們的結構大致符合赫緒曼（Albert O. Hirschman）所提出的反動論述三主題。赫緒曼是二十世紀成就最高的社會科學家之一。他原籍是德國猶太人，為了逃避納粹迫害而離開德國。途經法國的時候，他不顧生命危險留下來協助他人逃亡。許多猶太知識分子經他營救終能逃離納粹的魔掌，其中包括政治哲學家鄂蘭夫婦和班雅明（Walter Benjamin）。可惜後者於逃亡途中在西班牙邊界自殺，他隨身攜帶的重要手稿也告失蹤。赫緒曼戰後在普林斯頓高等研究院，直到二〇一二年過世。他的勇氣讓他成為知識分子的典範，他的許多著作都散發知識的美感，是社會科學經典著作的典範：平易近人，從不賣弄；其中許多至今不斷再版。

赫緒曼在《反動的修辭》中指出，過去百年來每一個進步的力量在興起之後，都立即出現強勁的反動意識形態。它們對抗的目標或有所不同，可是都包含相同的論證方式。它們不敢直接否定改革的價值，如社會福利運動、平等和民主等，只是迂迴用三種論述來抵抗改革：**反效果**、**無效果**、和**副效果**。反效果的論述是：由於世界的複雜、或人類知識的限制，改革只會帶來和目標完全相反的結果、甚至惡果。無效果的論述是：社會發展自有其邏輯，人為的努力不能帶來任何改變。副效果的論述則是：雖然改革可能是好的，可是改革產生的副效果卻會摧毀更為重要的價值。

以反民主論述為例子，反效果論述宣稱：民主改革非但無法解除人民的桎梏，反而會讓人民墜入更嚴厲的被奴役狀態。法國大革命造成的恐怖統治經常被用來當例子。無效果的論點是：所有的政治都由少數菁英統治；民主化的結果不過是換了另一批政治菁英統治。這是義大利社會理論家的菁英論，後來成為政治學傳統的一部分。很多人沒有留意到，這個似是而非的理論對民主理念的傷害。該理論的健將義大利學者莫斯卡（Gaetano Mosca）於法西斯上臺後在義大利上議院公開懺悔，「我從沒想過，我竟會是在民主政體死亡的時候致悼詞的人。過去我一直對它嚴詞批評，如今我卻為它的離開感到憂傷。」副效果論則認為：大眾的民主參與會摧毀其他的價值，如個人自由和經濟繁榮。傳說法國大革命後自由派政治家侯蘭夫人往斷頭臺途中曾言，「自由！多少罪惡假汝之名而行！」是威權時代媒體最喜歡引用的名言。

正如赫緒曼所指出，由於主流思潮對改革理念的肯定，反動者不會對改革目標發動正面的攻擊。「相反的，他們會支持這些理念，不論真心或假意。可是他們也會同時指出：為了達成這些目標而提出的方案、或採取的行動，是完全錯誤的。」面對民主化的要求，以社會科學語言建構的臺灣反動論述，同樣沒有對民主價值做正面的攻擊，除了極少數的例外。以〈一個小市民的心聲〉提供威權體制強大反動宣傳火力的孤影，在後來所寫的文章〈自由是目的，民主是手段〉中說，民主的真精神是人民願望的實現。人民的最高願望就是開創人生的幸福。執政當局如果能實現人民這個願望，就是在最廣泛意義上做到了民主。不是嚴格奉行民主程序和民主儀式才是民主。「新加坡是一個安定、繁榮、快樂的自由社會……我們很難理解，這樣一個政治體制，究竟有什麼過於值得非議之處。」

不過，大多數的反動論述都接受民主政治的合理性。他們對民主化要求的攻擊，集中於下列的三個主題。第一個主題是，**民主需要哪些條件**？他們提供的答案是：臺灣並不具備這些條件。這裡我們遇見政治文化論、現代化理論等理論。這類的反動論述除了發揮替獨裁辯護的功能外，隱含了無效果論的邏輯：因為缺乏民主所需的必要條件，民主改革行動將徒勞無功。

第二個主題是，**如何才能達到民主**？反動論述的回答是：民主運動的推動者和支持者所為的，不能達成民主。他們有時甚至暗示，群眾對民主的要求、對獨裁的抗議，只會帶來政治衰敗。這裡我們遭遇大眾政治論、參與爆炸論等。此種論述雖然和上述的現代化理論相對立，不過也成為臺灣反動論述的思想泉源之一。這是反動論述的反效果論。

第三個主題雖然不挑戰民主理念，卻質疑民主運動的目標：**西方式的民主是唯一的民主制度嗎**？反動論述提供的答案也是否定的：西方式的民主和制度不一定值得我們追求。這個論述暗示：我們因此不必用西方民主的標準來檢驗我們現有的政治體制。這裡我們看到了「一黨制也可以是民主的」、「中國式民主」等稀罕的論述。

以上這些反動論述，都獲得當時社會科學界流行的理論和著作的協助。除此之外，另一個經常被提出的附屬論點是民主的緩慢成長論。這個論述屬於無效果論：民主是緩慢成長的，通常要數百年；所以你們所推動的運動、民眾所支持的運動，將徒勞無功。這項論點雖不藉助社會科學理論，可是由於提出者均為社會科學者，而且反映了、或利用了人類常犯的錯誤思考習慣，仍發揮了反動的功能。

反動論述第一個主題民主條件論，來自一九六〇年代的現代化理論。本書第二章對這項理論曾有過討論。它的主要論點是，經濟發展所帶來的社會變遷，如教育普及、中產階級出現、都市化等，有助於民主政治的出現。作者李普塞總結說，「關於政治系統和社會其他面向之相關性的、一個或許是最普遍的通則：民主和經濟發展有關。一個國家愈是富有，它維持民主的可能性就愈高。」

以長期的社會發展眼光來看，這個論點有一定程度的說服力，也頗為符合一般人的常識。它因此成為威權時期反動論述最受歡迎的主題。美麗島事件軍事審判之後，一位新聞記者認為民主運動中的這些律師、作家、政論家非常無知：

「美麗島」人士顯然不瞭解所有開發中國家建立民主政治的艱難，也不瞭解除了改革政治外，還需要經濟、社會、文化等條件互相配合。如果整個社會的民主素養不夠高，人民缺乏互信感，穩固的民主政治就不可能建立，如果社會的經濟條件過於匱乏，民眾亟於改善生活，民主也很難建立，凡此種種可觀條件的限制如果不妥為把握，一味煽動民眾追求原需要更多耐心才能追求到的目標，勢必為社會帶來動盪不安。（唐光華，〈激越路線是民主憲政的大敵〉，《中國時報》）

民主的條件論在往後幾年中，都成為抗拒民主的人最喜歡使用的武器。一向關心臺灣民主的美國眾議員索拉茲（Stephen J. Solarz），於一九八三年八月訪問臺灣。他在臺灣的演講以平實低調的語氣，質疑了當時主流思潮的民主文化條件說。「某些人會說，民主只適合某種文化，它只有在與西方自由傳統相同的那些社會裡才能發揮功能。雖然民主制度在西方最是普遍，它們也在世界各角落興盛……依經驗顯示，民主也不會與任何特別的宗教或哲學傳統不合。」

他的言論立即引起《中國時報》發行人余紀忠強力反駁。余紀忠的反駁集中於四點。第一，他請索拉茲「考慮臺灣今日所處的時地……目前臺灣很明顯處於戰爭威脅之下」。第二，「美國錯估共產黨的政治野心……鄧小平最大的願望就是在其有生之年，能夠赤化臺灣，他所用的手段，對臺灣挑撥分化。」第三，「過分民主容易導致極權思想抬頭。」第四，「政治參與必須先有堅強的共識。」余紀忠的反駁中，除了第三項（過度民主會導致極權思想）比較獨特少見外，其餘的主題（內戰威脅不能實行民主、民主有利中共統治臺灣、不容許臺獨參與民主競爭），都和官方的宣傳一致。

喜歡討論民主發展的金耀基也在余紀忠之後，撿拾無效論加入批判索拉茲的隊伍。

美國索拉茲議員……是一位非常熱心推銷美國式民主的政界新客……對他這種簡單化的民主觀，則不敢苟同。實施民主可以不用考慮教育、經濟、文化等條件，只要執政者有決心即可，如果這個說法可以成立，那麼，整個社會科學對民主的研究可以完全束諸高閣了……索拉茲議員等的看法，客氣地說，只能稱之為「民主的形上論」，亦即只要有權力者的意志和主觀意願就可以創造民主了。

不錯，追求民主的主觀意願與決心是重要的，但我們不能忽略客觀的條件，瞭解民主客觀的條件，對建構民主的大工程是有益的。（〈給民主添一點聲響〉，《中國時報》）

抗拒民主的學者最喜歡引用的另一項理論武器，是政治文化論：民主政治的產生需要某種稱為民主文化的東西。這個論述受到歡迎並不難理解。第一，在一般人的認知中，文化需要很久時間的成長；如果民主政治需要文化的支持，那麼民主就不是短時間內可以實現的。生活於獨裁政權底下的人民，因此只有忍耐一途。第二，在一般人的認知中，文化成長不是透過人為的努力就可以達成的。民主運動的參與和推動因此將是徒勞無功的。第三，這樣的理論讓獨裁政權免除了政治壓迫的責任。它其實就是說：我們之所以沒有民主，並不是因為獨裁者喜歡專斷的政治權力，而是因為人民缺乏民主文化。因此必須為獨裁體制負責的是缺乏文化的人民，而非統治者。

某種政治體制需要某種特定的文化支撐，這樣的想法很容易被一般人接受。梁啟超於戊戌政變後流亡國外，一九〇二年到美國旅行考察。關心民主憲政、也親身投入政治變革的他，一直關心一個問題：中國人的文化能不能改變，以實行現代的民主政治？欲回答這個問題，美國唐人街的中國人是一個難得的觀察對象。遠離中國傳統君主封建體制，長久生活在民主美國的中國人，是否改變了傳統的文化習慣，適合現代的民主生活？梁啟超實地考察的結果讓他非常失望。即使有機會享受民主的政治體制，唐人街中國人的政治行為並沒有表現出民主公民的素質和品格，仍然是傳統中國人組織生活的格局：各地的中華會館不是受少數菁英控制，就是四分五裂無法成就任何公共事務。這些現象讓梁啟超對中國的民主前途非常悲觀。「一言以蔽之，則今日中國國民只可以受專制，不可以享自由。」具有現代思想、知識豐富的梁啟超，仍不免受到文化論的影響。

反動論述中的民主文化論，來自一九六〇年代美國政治學界甚為風行的一本書《公民文化》。在該書中，作者以五個民主國家的訪問調查資料指出：民主體制的穩定和生存，有賴於公民持有某些民主的政治態度：相信自己對政治有影響力的效能感、對政治體系的效忠感、以及和其他公民之間的信任感。他們將這些政治態度稱為「公民文化」。本書出版後立即風行，可是也招致許多批評。其中最致命的批評是，該書對因果方向混淆不清。作者所呈現的資料也可以做相反的、而且或許更有說服力的解釋：長期生活於民主的體制下的公民，自然發展出某種政治態度。所以是政治體制形塑公民的政治態度，而非政治態度產生了政治體制。作者之一的阿爾蒙後來對因果關係的方向做了澄清：他們原先的理論並沒有說何者為因、何者為果；在他們的著作中，「很清楚的，政治文化既是獨立變項，也是依賴變項，既引起體制的變化，也是體制的結果。」

後來有不少實證研究都證明了相反的因果關係：政治體制培養政治文化。因此，是先有民主的體制，公民才會有民主的態度和價值。對日本、西班牙、義大利、及其他西方民主國家的研究，都有相同的發現：在民主體制中生活愈久，公民對民主的支持就愈高。對西歐的民主先進國和中美洲民主晚近國所做的比較研究也發現：所謂的公民文化對民主轉型沒有影響，其中「人與人之間的信任感」甚至是民主的後果，而非其原因。

可是傷害已經造成。這個不清不楚的理論成為民主的抗拒者最現成的武器。民主文化論告訴我們：因為缺乏民主文化，我們追求民主的行動不可能有任何成果。它甚至指出：必須為獨裁統治負責、為政治壓迫負責、為生命和自由的喪失負責的人，不是獨裁者而是欠缺民主文化的我們。如果強調經濟條件的現代化論解除了人民的思想武裝和行動力，文化論發揮了教導人民自我埋怨、甘心被統治的功能。

我們追求民主的核心問題，基本上乃是一種傳統政治文化的轉變……所以就我們國家政治民主化的建設來說，它乃是一個沒有止境的政治發展過程，任何人都無法期望和要求這個艱鉅偉大的建設，在其個人的有限生命裡，能夠及身而完成。（荊知仁，〈政治共識為達成溝通與互信的基礎〉，《中國時報》）

不要期待在我們有生之年能享受民主，政治學者這樣告誡我們。在社會科學的發展史上，大概很難找到比政治文化論更合乎統治者利益的理論了。然而，政治文化論卻成為威權時期最流行、最深入人心的理論。一九八三年《中國時報》主辦題為「中國文化與民主生活」的座談會，與會學者幾乎全部接受這個反動論述：

民主終究是離不開文化環境的。（余英時）

無文化基礎，亦無法實行民主。法治畢竟是種形式，必須植基於文化道德的傳統上。（林毓生）

中國文化有四點相當不利於民主生活。

這種「忠貞反對」的觀念，中國人一直無法突破……中國文化對制衡觀念的發展有一不利之處。（呂亞力）

傳統文化不利民主最重要的是缺乏法治觀念。（朱堅章）

因權威觀念太重所形成的順從性格，在文化中運行太久，則很不容易滋長民主自由的觀念……中國社會的一元化權力體系，很難容忍其他獨立自主的團體存在，多元化的民主政治也就無由產生。（胡佛）

將以上家族與農業經濟所形成的文化特色結合起來，在政治方面便是：容忍權威、服從上層、敬畏更大的權威……在這種情形之下，無論如何不會產生像西方那樣的民主政治運動。（王作榮）

如果所有知名學者、包括自由派的學者都這樣說，民主運動者還能說什麼呢？

有趣的是，在美國學術界和現代化理論對立的政治衰敗論，在臺灣也被利用做反動論述的工具。政治衰敗論的原始作者是美國政治學界非常聞名、也非常爭論性的人物杭亭頓。臺灣威權主義時期的公共論述中，他或許是最受恭維和最常被引用的西方學者。他的名著《變動社會中的政治秩序》認為：開發中國家經濟發展的結果，帶來的將不是民主而是政治衰敗。經濟發展的結果，造成社會階層分化和利益衝突；而社會變遷又導致廣泛的政治動員。可是開發中國家缺乏具有足夠合法性和足夠效能的政治體制，以吸收、解決這些衝突。結果是有錢人用賄賂、工人用罷工、學生用示威、軍隊則用政變來解決各自的問題、實現各自的目標。因為政治體制無法吸納經濟發展和社會變遷帶來的政治動員和政治參與，結果是「政治衰敗」和「政治失序」。

金耀基在美麗島事件之前，借用杭亭頓的理論責備當時蓬勃發展的民主運動：

快速的工業化加上快速的民主化，則對真正的民主尤有危險……臺灣這幾十年來，社會正在一大轉型的階段……臺灣的部分的大眾政治的現象……誠然有政治普遍參與的意含，但它卻也有將政治行為訴之於大眾的情緒，訴之於大眾的感性的性格，它更有將政治推到社會政治制度以外，而顯現無法將政治行為疏導到政治制度秩序範圍內之現象……臺灣大眾政治的陰影日在擴大，似乎是事實……我們已瞭解「大眾文化」對文化的傷害性，但不知「大眾政治」對政治（特別是民主）的傷害性可能更嚴重。

許多政治參與急速增加的社會，都出現了政治制度的萎退，政治參與的擴大如果相對地沒有強勁的政治制度的能力加以肆應，則極易走上政治的衰退，而此則是正在現代化中國家的通象。（〈政治發展與政治現代化的突破〉）

在美麗島事件之後，他繼續這個論述來譴責已經被關入監牢的民主運動者，

高雄美麗島事件是……「大眾政治」惡化潰決的赤裸裸表現……利用群眾的激情來推動政治運動，足以造成群眾的盲動性所帶來對社會破壞性的結果。

政治極端主義對社會的整合與發展是有害的。……如果極端主義獲得鼓勵並成為社會普遍性的心態時，則它的傷害是嚴重的，它甚至可以把整個國家推到災難性的悲境。

極端主義者是狂熱的、獨斷的教條主義者；在極端主義的字典裡，容忍、妥協、中庸這些字眼都是不存在的。而容忍、妥協、中庸卻正是達到民主自由的境界所不能

或缺的。（〈民主為本，法治為先〉）

此種對激烈政治行動、對群眾性的民主運動的負面看法，正反映了美國主流政治學對群眾運動和激烈行動的偏見。美國政治學者柏蜜鷗在她回顧民主化研究的文章〈溫和的神話〉中指出，幾乎所有美國政治學者對第三波民主化的研究，都明示或隱含一個假設：群眾性的、激進的政治行動，對民主轉型是不利的。如果我們期待民主轉型順利成功，此種「來自底層的威脅」必須溫和化。事實上，她指出，如西班牙、葡萄牙及其他民主轉型的諸多例子所顯示的，正是因為激烈的群眾性運動的存在，才使得統治菁英認知到：民主妥協乃是解決、或避免激烈衝突的唯一途徑。另外一個對非洲三十個國家民主改革的研究也發現：群眾抗議行動才是政治改革的重要因素。其中二十一個歷經民主改革的國家中，有十六個國家是由群眾運動所推動。

杭亭頓的理論其實是倒果為因。政治失序之所以產生，正是因為缺乏健全的民主政黨體制。政治之所以失序正是獨裁的威權體制所造成。正如美國政治學者敘沃斯基批評杭亭頓時指出的，「政黨體系吸收了具有爆炸潛力的政治行動，並且將之轉化為政治參與。因此，當群體不再依體制化的規則互動，另一種政治動員的方式就出現了：『運動』取代了『政黨』。」許多杭亭頓所謂的政治失序，其目標正是在要求建立一個具合法性的體制。臺灣的民主運動和群眾抗議，其目標正是在建立有能力解決、具備合法性的民主體制。在反動論述中，這些可以促成民主轉型的行動，都成了危害民主的行為。

另外一個反動論述的主題是：民主很好，可是民主有很多種。有形式的民主，也有實質的民主。我們要追求實質的民主，而非人民有自由權、參政權，統治者必須由人民以選舉的方式選出的形式民主。民主有西方式的民主，也有中國式的民主。我們應該追求中國式的民主。

一位政治學者安慰我們說，臺灣雖然沒有形式的民主，可是有更好的實質民主：

國民黨在臺灣長期執政，造成「一黨獨大」的優勢局面，乃是歷史傳統及時代使命使然。雖然如此，執政領導當局對於非常憲政體制下，民主形式無法完全兼顧的事實，自難心安理得；因此，無時不思就民主的實質加以補救……最足以表示執政黨貫徹民主實質的苦心，莫過於此次國民黨二中全會關於副總統候選人的推定，以及中常會的改組……經國先生挑選本省籍的登輝先生為其競選伙伴，顯然是以民主做為優先的考慮，由此可見其貫徹民主實質的苦心了……由中常會的組織成員來看，

> 國民黨對實質民主的考慮，可謂日益增加。近年來，中常會不只涵蓋了黨政軍三種系統，也兼顧工商企業界及大眾傳播文化界的參與意義……再一次顯示執政黨在非常體制之下貫徹民主實質的苦心。（郭仁孚，〈非常的憲政與民主的苦心〉，《中國時報》）

論述中最令人驚異的部分是，連威權體制為了統治的穩定而「吸收」本省籍菁英，以及法西斯政權慣用的「統合」社會團體的措施，都可以成為民主的實質。而這是政治學者的言論。

中國式民主是另一個相關的反動論述。它的說服力或許是部分來自民族主義的情操和民族的尊嚴。畢竟，如果民主是好東西，誰不希望那是自己創造的，或至少自己也擁有？然而提出中國式民主理論的人，從來沒有賦予它任何具體的內容。中國式民主的制度安排和設計，到底和西方式民主的制度設計有何不同？其論述只有「不必抄襲西方制度」的空洞宣言。金耀基這樣說：

> 臺灣的民主政治除了從比較的角度檢討其普遍性外，更應從其實際運作的過程中研

究其特殊性。西方的民主典範是可以並應該參考的……任何對民主政治有真切瞭解的社會科學者，都不敢虛妄到相信民主只有一條路可走，一個形式可行……我們不能不認識一個事實，今日在臺灣的中國民主的實際運作，在許多地方不是西方的民主理論所觸及過或可以解釋的。我們以為，不論是對民主理論的學理探索或對民主建構的實際摸索，我們都需要有一反省的自覺，即中國民主的建構並無絕對模式或規律可尋。（〈中國民主之建構〉）

這個論述非常清楚的表明：臺灣的威權政體、獨裁政治是中國式的民主，我們不應用西方民主的標準和原則，來批判它不民主。

組織反對黨一直是臺灣民主運動的重要目標之一。沒有公平的政黨競爭以挑戰、取代執政黨，民主是很難想像的。沒有政黨組織資源、動員民眾、協調同志，同時在人民心中形成「另一個選擇」，統治者是很難撼動的。這也是為什麼當《自由中國》只停留在言論批評的時候，蔣介石可以容許它存在多年；可是當雷震企圖組黨，就立即被他逮捕。這也是為什麼臺灣的威權統治者，一直不願意在組黨的議題上讓步。

由於反對黨對威權政權可能造成的巨大衝擊，也由於民主原則很難否認組黨的權利，反動論述並沒有忽視它。反動論述對組黨呼聲之攻擊，包含著若干不同的主題。第一是，政黨太多對民主的運作和政治安定都有傷害。

在一個變動的社會中，政治安定是最重要的條件。變動社會中的危機有二……二是民主的條件不夠，有民主之名而無民主之實，政黨競爭經常導致政變，換言之，政黨已不是接受一共同社會價值標準或基本國策的政黨，而是爭權奪利，為少數人政治野心的工具。（關中，〈民主政治應有的基本認識〉）

若果多黨林立，難免過分牽制導致不安，影響政府的正常運轉，在非常時期，更可能發生嚴重後果。（楊開煌，〈建立政黨政治的正確觀念〉）

就目前世界各開發中國家的演進歷程來看，我們還找不出任何一個例證可以支持多黨林立，步上政治制度化的結果。其次是多黨林立之後，所帶來的政治風暴，是否是目前國家處境能承擔得起的。（馬起華，〈我們的共識，我們的命運：對當前「組黨」問題的淺見〉）

一個國家之中如果有著太多的政黨，不但對國家內民主政治的發展沒有幫助，甚至還極其有害，因為政黨多意見就多，意見多就容易起紛爭，造成政局的動盪不安，

使國家安定受到破壞。（薄慶玖，〈濫言「組黨」無助民主政治發展〉）

反動論述攻擊組黨要求的第二項論點是，政黨政治的功能可以由其他的方式來發揮，所以不需要（容許反對者）組黨。就其代表性的功能而言：

近年來每次選舉，執政黨常將所有候選人的政見全部收集起來……予以執行。這比起有些兩黨制的國家將敵對政黨的政見視如仇敵的做法，可以看出我們的執政黨胸襟更開朗、更廣闊……更何況目前執政黨和無黨籍人士的溝通管道還多得很，如省議會、立監院等，組黨並不是唯一能夠「與執政黨對話」的橋梁。（薄慶玖，同前文）

至於政黨競爭的制衡功能要如何發揮呢？

民主政治發展的趨勢……政治之制衡最基本的在政治的結構，即政府的分權主義。西方最流行的是三權分立，及行政、立法與司法的分權，而我國的五權憲法更是完備。

所以也不需要反對黨，關中這樣說（前文）。

然而，反動論述對組黨權利的攻擊中，最精緻、有力者還是和中國式民主相連的概念。「民主不必須有政黨」是其重要的論點。金耀基這樣說：

民主在今天已是一被廣泛歪曲和誤解的東西……我只準備指出二個相當普遍而有系統化的「民主的教條」。

第二個民主的教條可以名之為西方式的民主教條。許多人以為民主與政黨不可分，而更以政黨的數目做為民主的標準，即民主必須是二黨政治。新社會學派健將荷爾維茲指出，以二黨制……界定任何民主國家之有機的與普遍的條件，乃是一種「民主的教條」……他不以為一黨制不可以與某種民主政治相合……東方社會在尋求民主的過程中，能自然出現二黨並峙之局固好，但亦勿須視與願此為到達民主之不二法門。（〈政治發展與政治現代化的突破〉）

雷震和他的同伴們試圖組織反對黨，顯然是受到「民主教條」的愚弄，雷震還因此被蔣介石逮捕入獄，頗不值得。當時所有民主運動者奮鬥的目標也只是教條而已。為什麼民主不需要兩個以上的政黨呢？為什麼一黨也可以達到民主呢？因為，金耀基在另一篇文章中這樣說：

> 發展中社會的一黨政治是否絕對封閉了走向民主之路呢？在這一點上，許多社會學家的研究並不如此悲觀。有些關注民主前途的學者認為，一黨政治中民主的可能是存在的。李普塞（Lipset）就相信有些第三世界社會中的「一黨民主」的形式是有望的。他指出這些黨……包含了不同的利益和階層的……亦即黨內結構是多元性的，黨內的多元性也發揮了制衡的功能……政黨需代表社會廣泛的利益才合民主。準此以論，兩黨制未必民主……有的一黨制……就可以是民主，因其黨內具有社會各主要利益團體的代表性。（〈中國民主之建構〉）

禁止人民組織政黨的一黨制也可以是民主的說法，出自嚴肅的政治學者實在令人難以置信。如果李普塞真的如此說，將成為巨大的學術醜聞。幸好我無法從金耀基院士所引用的李普塞作品中，找到這個匪夷所思的論點。

另外一個常見的主題是民主的緩慢成長論。這個論點所發揮的作用是，從培養人民對威權統治的耐性中，減低其要求民主改革的動力。其主要內容為，民主需要長時間（經常是數百年）的發展和成長；因此不是人為的努力在短期內可完成的目標。如果民主必須經過數百年的緩慢成長，那麼我們今天對民主的要求、對威權體制的不滿，豈非因違反歷史的法則而顯得無理？

民主既是一種制度、一種工作作風、一種生活方式，要培養它必須假以時日……世界任何國家的民主發展過程，都是長久的……民主是要學習的、培植的；它不能一蹴而就。（陳慶，〈中國民主政治之展望〉，《中國時報》）

民主政治誠如一項巨大的工程，無法一蹴即成，必須逐步演進，以時間、關心、與耐心，努力開展、培養，方得以致之，西方先進國家的民主政治是經過幾個世紀逐漸演進而成的。（朱志宏，〈理性、寬容、進步〉，《中央日報》）

有時候甚至鼓吹民主改革者，對緩慢成長論都深信不疑。邱垂亮在接受《中國時報》記者唐光華、黃輝珍、張明貴的訪問中，有這樣的問答：

問：從世界各國民主成長的經驗顯示，民主一定得慢慢來，但是……人民卻要求政府加快民主的步伐……這個「快也不是，慢也不是」的兩難，要如何解決？

答：這實在是臺灣面臨的最大兩難。一方面民主向來就是慢的；民主程序太快的話，常常就會產生反民主的結果……面對這個痛苦的兩難，有沒有容易的解決方法……如果要我說的話，我要說「沒有」。（〈民主的腳步雖慢，但很扎實〉，《中國時報》）

此種緩慢成長論不但違反歷史經驗，在知識上也是非常的空洞。提出民主需要緩慢、甚至數百年時間成長的人，從沒有仔細地釐清兩個重要的問題。第一，到底民主政治的哪些「構成要件」，需要數百年的時間才能成長？「經濟決定論」和「民主文化論」雖然錯誤，但它們至少舉出了經濟發展和文化養成這兩個因素。緩慢成長論完全沒有任何論證。第二，民主的體制是如何「成長」的？民主的體制其實不過是政治行為的「規則」。這些規則規範了不同政府機關之間的關係、人民的權利、政治菁英之間的競爭等。「規則」如何可能會「成長」，而且是經過數百年、在數十世代的不同的人身上不間斷地成長呢？

如今我們知道，民主不是「成長」出來的，更不是「自然」成長出來的。而是勇敢的人民寧願犧牲自由、甚至生命，奮鬥得來的；而且可以在極短的時間內為國家帶來民主；第三波民主化眾多的案例都證明了這點。

這些反動論述的功效到底如何？它們對民主運動造成什麼影響？這是無法真確回答的問題。赫緒曼認為，和那些粗糙、有時甚至愚笨的官方宣傳相較，這些反動論述因為訴諸知識和學術權威，其發言者又是「學有專精」的學者，它們經常「讓改革的推動者覺得屈辱、失去士氣，同時對自己的奮鬥的動機和意義產生懷疑」。可是，美麗島事件之後民主運動的急速成長，年輕運動者的數量大為增加，這些反動論述對改革的推動者似乎沒有產生赫緒曼所說的影響。它們對群眾造成何種影響，則不得而知。

不論這些反動論述是否對民主化有所影響，它們在臺灣人的民族記憶中仍然有一席之地。它們顯示出，臺灣人在追求民主自由的艱難時刻中的另一種心態。

在近代的獨裁體制下，不乏學者選擇沉默，也不乏學者選擇為壓迫政權服務。圭恆諾（Jean Guéhenno）是法國著名作家，也是地位崇高的文學雜誌《歐洲》的總編輯。法國被納粹占領之後他就拒絕發表文章，除了寫日記和投稿地下刊物，因為「絕對、絕對不玩監禁我們的人的遊戲」，「合法的文學就是背叛國家的文學」，「最危險的侵略就是對內心生活的侵略，比對領土的占領和侵略無限程度的危險。」

歷史也不乏樂意為獨裁者服務的學者。其中德國法學家施密特和哲學家海德格是這一類人當中的天才。施密特第一次世界大戰期間二十七歲的時候寫道，「國家有權利要求它的成員隨時犧牲、也毫不猶疑地殺死敵人。」不過當他的同事們勇敢參加戰爭的時候，他不斷拖延入伍，直到完成律師資格考試、並完成三本著作。然而他卻在受訓的時候立即受傷（據說是從馬背上摔下來）。所以就被發派到慕尼黑的陸軍司法單位。

海德格寫信催促他加入納粹一週後，他和海德格同一天入黨。十天之後，德國許多大學的納粹學生大肆焚燒猶太學者的著作。總共有兩萬五千本書被焚燒，包括史賓諾莎、佛洛伊德、馬克思和愛因斯坦的著作。他投稿納粹的官方報紙，為文加以喝采：「用德文寫作不能讓猶太作家成為德國人，正如偽造德國貨幣的人不能成為德國人。」「長刀之夜」事件中，至少有八十五名納粹黨員被希特勒謀殺。他立即指出：政治謀殺是「行政法的最高形式」。他為納粹所做的服務讓他獲得許多任命和職位，包括「國家社會德國法學會」會長和柏林大學主席。戰後他被剝奪教職，不過仍然活躍於知識界。透過同為納粹熱情支持者的海德堡大學法學教授的促銷，他的著作成為大學必要的參考書，並且被翻譯成數國語言。他一直活到一九八五年，從來沒有為他過去的行為道歉。

如果希特勒希望找一位天才來肯定他，那麼非海德格莫屬。他應該是知識和品格斷裂最為極端的例子。當時他在德國思想界的聲望有如神一般；後來在美國學術界成名的鄂蘭、高達美（Hans-Georg Gadamer）、史特勞斯（Leo Stauss）、馬庫色（Herbert Marcuse）都是他的學生。他加入納粹之後僅僅三個星期，立即被任命為弗萊堡大學校長。他穿類似軍服盛裝出席就職演說，以舉單手的納粹禮開場；納粹的高級幹部坐在前排，資深的學術界同仁被擠到後排。前任校長因不願充當納粹的劊子手而辭職，海德格倒是非常樂意接任。他上任後和祕密警察密切合作，檢舉一位著名的化學系教授為間諜，後來該教授獲得諾貝爾獎。他接任校長後立即下令，所有非亞利安種族的教授全部停職，包括取消他的老師胡賽爾的退休福利和待遇。胡賽爾是海德格的老師。海德格的學術生涯一路受其提攜。除了生涯上的提攜，兩家也是好朋友。

當新的學期開始，海德格在校刊上寫文章勉勵學生：「希望你們樂意犧牲的勇氣能不斷成長，為了民族的生存。領袖、唯有領袖是德國的現實和法律，不論是現在或未來……希特勒萬歲！」戰後，海德格恢復弗萊堡大學的教職。在他的學生情人鄂蘭和法國哲學家沙特的促銷下，海德格的哲學廣被西方社會肯定。和施密特一樣，他從來沒有為過去對別人造成的傷害道歉。

14 全世界和他作對

美麗島事件之後，所有民主運動者都被關入監牢。國民黨政權並沒有因此解決它的難題。對民主運動的整肅反而為它帶來更大的難題：更為蓬勃的民主運動，更多人參與，民眾的支持也更熱烈。蔣經國面臨兩個選擇。一是繼續加以壓制、逮捕更多的民主運動者。這麼做將導致長期的紛擾，甚至，也因此可能付出被推翻的代價。另一個選擇是讓步，做出民主妥協。蔣經國迅速做出了讓步的抉擇。蔣經國為何讓步，而且快速地讓步？問題的回答，或許可以從國民黨政權面臨的國際和國內處境開始。

國際處境的許多面向都對國民黨政權造成巨大的壓力。被逐出聯合國，美國和中國建交、和臺灣斷交，讓它再也無法宣稱臺灣和中國處於內戰狀態，因此必須凍結憲法對民主權利的保障。威權體制的正當性本就不足，如今則是毫無說服力。國民黨政權面臨的另一個國際處境是，美國外交政策的轉向，以及國會對盟邦的民主表現之重視。這兩項因素對蔣經國形成巨大的壓力。國會不斷關心臺灣的人權，蔣經國則不斷私下對美國政府承諾將對臺灣從事民主改革。

中華民國在聯合國的會籍被中華人民共和國取代，是臺灣政治重要的分水嶺。國民黨政府代表全中國的神話崩潰，威權統治用來正當化的戒嚴體制動搖。民間開始出現「中央民意代表全面改選」的呼聲。

一九七一年十月二十五日聯合國大會通過「二七五八決議案」（阿爾巴尼亞提案）：

> 大會……承認中華人民共和國是中國在聯合國組織的唯一合法代表，中華人民共和國是安全理事會五個常任理事國之一。決議：恢復中華人民共和國的一切權利，承認其政府的代表為唯一在聯合國的合法代表，並立即將蔣介石的代表從它在聯合國組織及其所屬一切機構中所非法占據的職位，驅逐出去。

這一天之後直到現在，臺灣人被驅逐出全球人類社區，不再具有社會人格，不被承認為人類社區中的一員。

蔣介石於次日發表「告全國同胞書」：「我們本漢賊不兩立之立場及維護憲章之尊嚴，已在該案交付表決之前，宣布退出我國所參與締造的聯合國。」就是這段顧面子的話讓後世不斷譴責蔣介石的冥頑不靈。如果他當時能讓中華民國以普通會員國的身分留在聯合國，臺灣的國際地位將會如何的不同，臺灣人的尊嚴和平等將獲得保障。然而真是如此嗎？

之前由於國際情勢的變遷，美國再無法全力支持中華民國代表全中國；國際組織再也無法漠視將一個大國排除在外。美國對中國代表權的立場，逐漸成形：將安全理事會的席位讓給中共，中華民國則以普通會員國的身分留在聯合國，也就是中華人民共和國和中華民國，在聯合國中的「雙重代表權」。美國認為基於國際現實，這樣的安排比較能獲得盟邦支持。這個方案後來也得到中華民國政府的接受。九月下旬，中華民國的外交部訓令其四十多個駐外使館，向地主國政府表明：中華民國接受雙重代表權。不過，國民黨政府對內或對外都無法公開表明這樣的態度。

可是北京從來沒有接受過這樣的安排。周恩來早於八月就對《紐約時報》的專欄作家表示：中國拒絕雙重代表權的安排。中國外交部隨後發表正式聲明：「在兩個中國、或一中一臺的情況下，絕不參加聯合國。」這時北京政府再度宣稱：北京不會因為獲得安全理事會的席次，而改變其反對雙重代表權的立場；如果聯合國不排除蔣介石集團的代表，北京不會參加聯合國。因此，其實是中共強硬主張「漢賊不兩立」，而不是蔣介石。

無論如何，雙重代表權並沒有機會進入投票程序。當天晚上的聯合國大會，首先投票決定：中國代表權議題是否屬於重要問題。如果是重要問題，就需要三分之二以上才能決議，普通問題則只要過半數。過去幾年，美國對中華民國會籍保護戰的第一道防線，一直將中國代表權問題設定為重要問題，理由是大會對這個問題的決定可能排除原始會員國。因為需要三分之二多數票，中華民國的會籍因此安然無恙。

可是在國際現實以及中共的積極外交攻勢下，國際社會的態度逐漸轉變。而且，「阿爾巴尼亞案」的論述方式並非「排除」某一會員國，而是誰有權「代表」某一會員國。這一年重要問題案的票決結果是：五十五票贊成，五十九票反對，十五票棄權，中國代表權的爭議不再屬於重要問題。美國代表老布希於是提議：單獨表決提案中關於排除中華民國的條款，結果是五十一票贊成、六十一票反對，美國的提議沒有通過。沙烏地阿拉伯代表提議延後表決，也沒有通過。於是大會開始表決「阿爾巴尼亞案」。大勢已去。於是中華民國外交部長周書楷，在表決之前率領中華民國的代表團走出聯合國大會會場。

因為蔣介石宣稱「漢賊不兩立」因此主動退出聯合國，往後臺灣民間一直譴責國民黨短視和頑固的教條，讓臺灣成為國際孤兒。國民黨百口莫辯。因為這是其領袖說的話。國民黨難道能說「民族救星」欺騙了人民？這是威權統治的惡果之一，也是說謊的壞處。蔣介石為了面子而禍延其黨員後代，至今國民黨都無法辯解。

對蔣經國民主改革形成巨大壓力的另一個國際因素，是美國外交政策的轉向。第三波民主化浪潮中，民主轉型受到外國政府影響的例子不少。除了臺灣之外，至少有四個這樣的例子，格端那達、巴拿馬、海地、賽浦路斯。另外有十個國家受到外國政府軍事威脅的壓力，而從事民主改革。對臺灣唯一有影響力的國家當然是美國。然而，美國政府要求盟邦民主改革卻是冷戰末期才開始。之前，美國政府一向支持其威權獨裁的盟邦。蔣介石逮捕雷震之後，美國政府不聞不問正是反映這樣的外交政策。

為了圍堵共產主義勢力的擴張，美國外交政策一向強力支持所有反共的政府，有時候甚至親手干預。根據歐魯克（Lindsey O'Rourke）的《祕密改變政權》一書，從二次世界大戰到一九八〇年代末期，美國政府總共從事一百二十六次顛覆行動，試圖改變外國的政治體制。其中只有兩次是以公開的形式（一九五〇年的韓國和一九八六年的利比亞），其他所有的行動都是以祕密的方式：暗中支援反政府的暴動或游擊隊。其試圖顛覆的對象當然都是親蘇聯的共產政權。

除了祕密支援起義行動和游擊隊，美國政府也用較為溫和的圍堵策略，防止蘇聯勢力的擴張。法國、義大利、芬蘭的共產黨在一九四五年的選舉中，都獲得百分之二十的選票。杜魯門總統於是從一九四七年開始，以金援右派政黨的方式介入義大利和法國的選舉，同時也發動對親蘇政黨的宣傳活動，成功防止親蘇的左派政黨得勢。艾森豪總統命令美國政府，「運用一切可行的外交、政治、經濟以及祕密手段，防止任何親蘇聯的政黨或個人在自由國家取得政治優勢。」日本的右派政黨一直到一九六八年都從美國獲得選舉資助。

美國對拉丁美洲國家的介入更是頻繁與普遍。美國外交政策的基本目標，一直是這個地區的主宰力量。早在一八二三年的「門羅宣言」，美國就警告歐洲國家不得在這個地區擴張殖民地。如有「任何國家試圖將其影響力擴張到這個半球任何部分，美國都將之視為危害美國的和平與安全」，也是「對美國不友善的態度」。在小羅斯福總統主政的十二年當中，美國政府根據其宣示的「好鄰居」政策，不再介入這個地區的政治。不過，隨著美蘇冷戰的開展，美國政府恢復先前積極介入的行動。由於蘇聯的存在和競爭，美國必須改用隱密的方式從內部推翻它不喜歡的政權，包括支持反對勢力、游擊隊、暗殺、政變等。

其中最為人注目的是智利的例子。左派聯盟的候選人阿言德於一九七〇年九月初當選智利總統。不到十天之後，一群跨國企業公司的老闆和美國政府高官，在一場於華盛頓舉行的祕密會議上，就達成推翻阿言德政府的決議。國務卿季辛吉不久之後說了一句經常被引用的話：「我不知道我們為何必須坐視，一個國家的人民不負責任地選出一個共產黨政府。」事實上，智利的政治人物，包括阿言德的政治敵手，以及派駐智利的中央情報局人員，都不認為阿言德傾向共產主義。可是阿言德將銅礦收歸國有的政策，確實傷害了美國企業家的利益。阿言德在聯合國演講中說，「過去四十二年美國銅礦公司在智利投資三千萬美金，獲得了四十億的利潤。這些金錢可以徹底改變我的國家。」

在尼克森的政府大量金援、美國銀行的信用緊縮、以及中央情報局特工的收買和導演下，智利社會和經濟愈來愈混亂。罷工、罷市、左右派聚眾互相鬥毆。在美國政府鼓勵下，軍人終於在一九七三年發動政變。九月十一日軍人占領廣播電台，播出宣言：

「軍隊和警察已經團結在一起，為了將祖國從馬克斯主義者的拘禁中解放出來，以及恢復秩序和憲政的歷史任務。」阿言德總統隨即收到叛軍的電話，保證如果他辭職會讓他安全至國外流亡。阿言德拒絕了。數年後洩漏的錄音帶顯示，叛軍領袖皮諾契其實計畫將阿言德的飛機擊落。

在坦克車的包圍下，隨從建議阿言德總統逃出總統府至安全的地方。總統拒絕了。他說寧願死在智利民主象徵的總統府。在坦克車包圍、以及戰鬥機的轟炸下，阿言德廣播了他最後的演說，「我不會辭職，我會用一切方式，包括我的生命，來抵抗政變。智利萬歲，人民萬歲。我確信我不會白白犧牲，我確信它會是一個道德教訓，也是一個對罪行、怯懦和叛變的譴責。」然後他以步槍自盡。從此開啟智利十七年的軍人殘酷統治。

美國政府在冷戰時期對右派獨裁政府全力支持的政策，逐漸在國會受到挑戰。一九六〇年代是美國社會良心覺醒的時代：民權運動、反戰運動、婦女運動、學生運動以及反主流文化的運動相繼出現。律師出身的明尼蘇達民主黨州議員弗雷哲，於一九六三年當選進入眾議院。他一向認為，美國對獨裁政權的支持、特別是軍售，並不符合美國的國家利益。從一九七三年開始，他利用外交委員會底下的國際組織和運動小組召集人的身分，舉辦了十五場一系列的公聽會，邀請四十多位不同背景的專家針對盟邦的人權狀況提出證言，包括北愛爾蘭和智利。弗雷哲聽證會中建議：「如果一個政府大規模侵犯人權，例如屠殺、刑求、種族隔離，我們就應該中止對它的軍事關係、軍售以及支持該政府的經濟援助。」愛德華．甘迺迪參議員作證時說，「對其他國家的人權侵犯保持緘默，並不符合我國的傳統，也違反美國的長遠利益。」

該小組隨後提出報告「世界社區中的人權：呼喚美國的領導」，其中建議國務院設立人權觀察事務局，同時提出美國政府可以影響他國人權狀況的策略建議，包括停止軍售。尼克森政府對這個報告當然充滿敵意，季辛吉對國會介入外交事務尤其不滿。在他的現實外交理念中，和核子戰爭的威脅及國際秩序的穩定相較，人權的順位甚低。一位外交官曾經針對蒲隆地屠殺二十萬人提出報告，季辛吉辦公室的回覆是：「以後不要用這些事情浪費國務卿的時間。」儘管如此，國務院還是做了些改變，以顯示它對國會的尊重以及對人權的關心。國務院於一九七五年四月任命一位負責協調人權事務的特別助理。

宣示「人權外交」的卡特就職總統之前，弗雷哲已經舉辦過七十六場人權聽證會。聽證會最大的成就是，引發國會許多議員對人權的關心。一位眾議員於一九七三年提案停止對有政治犯的國家提供援助；該年眾議院通過《援外法》：「國會『認為』總統應該拒絕提供經濟和軍事援助，給基於政治目的而監禁其國民的政府。」次年九月一百零四位眾議員寫信給國務卿季辛吉表示，對於政府軍事援助人權紀錄不佳的國家，國會的支持正在降低中。「我們不相信，對壓迫性政權的支持，尤其在軍事領域，符合美國長遠的外交利益。因為軍事力量直接幫助這些政府壓迫其人民。」

一九七五年的《援外法》將取消或減少美援的前提，擴充至「刑求，殘忍、非人道、屈辱的對待或懲罰，沒有起訴的長期監禁，對生命、自由和安全的公然拒絕」。不過由於該法對行政機構沒有拘束力，因此沒有被遵守，沒有任何國家因為政治壓迫而被懲罰。即使如此，國務院倒是開始顯示關心人權的姿態。它要求全球的外交官針對駐在國的人權狀況提交報告；可是國務院卻拒絕和國會分享這些報告。大多數的外交官都認為，人權考核會影響他們的外交工作。發表這些報告等於是「公開對盟邦打耳光」，他們寧願私下勸誘盟邦改進人權狀況。

國會於是在一九七六年通過《國際安全協助與武器出口管制法案》，強迫國務院將人權考核報告提交國會。可是福特總統隨後將之否決。為了讓法案通過，國會做了讓步。即使如此，當韓福瑞以參議院援外次委員會主席的身分，要求國務院提供十七個盟邦（亞洲地區是南韓及菲律賓）的人權報告，國務院還是遵從。

一九七六年十一月就職的卡特總統雖然標舉「人權外交」的大旗，可是卡特及其政府的高級官員，對盟邦基本上採取不干預內政的態度。而且，他們對人權的關心集中在刑求、政治謀殺等，而非言論自由、組黨自由、公平選舉等更為普遍、對民主轉型也重要的面向。因此，除了南歐幾個國家經歷民主轉型之外，成績乏善可陳。

然而美國政府在一九八〇年代對人權外交的轉向，卻發生在被視為保守派的雷根總統任內。堅決反共的雷根總統，並沒有因為反共而支持反動的獨裁政權。美國是民主陣營的領導者。雷根政府的團隊卻發現一個令人沮喪的現象。一方面，美國和西歐的知識界普遍認為，民主的政治理念不吸引人、也沒有將來。另一方面，在蘇聯的大力支持下，許多學術活動、媒體、宣傳一面倒向馬克思主義、甚至列寧主義。這個時期在美國就讀社會科學的人，不難察覺這股流行的風潮。他們因此認為，美國應該在思想戰場上加以反擊。在盟邦推動民主改革的美國「民主基金會」即是成立於這個時期。

雷根政府對民主改革的支持，主要是鼓勵拉丁美洲的威權政府舉行公平的選舉、及保障獨立的司法。有時候也直接介入盟邦／保護國的政治。菲律賓在一九八六年舉行的選舉，馬可仕受到人民和反對派的強烈挑戰。雷根派了兩個觀察團到菲律賓，觀察團給雷根的報告大肆批評馬可仕政府選舉舞弊。結果雷根決定丟棄這位美國長期以來的「友善的獨裁者」朋友。對南韓的獨裁者全斗煥總統，則是用溫和勸說的方式加以影響。雷根總統在一封給全斗煥的私人信函中，鼓勵全斗煥釋放政治犯、舉辦公平的選舉、和平轉移政權。當時美國駐韓大使李潔明向全斗煥說，如果再度宣布戒嚴，會危害到韓國和美國的關係。

美國政府對它的盟邦／保護國很少公開提出民主改革的要求，這畢竟不符合外交慣例。可是此種私下的溫和建議倒是從不間斷。根據王景弘在《採訪歷史》一書中所述，蔣經國在一九五三年第一次訪問美國，當時蔣經國已經是情治單位的首腦。美國國務卿杜勒斯接見他的時候當面向蔣說，他從美國官員聽說，蔣將軍的手法「有點粗暴」。擔任翻譯的沈錡不敢翻譯這句話。於是雙方陷入短暫的沉默。杜勒斯見狀又重複了一次說：你在美國就可以發現，其實不用粗暴的手段，也可以達到你要的目的。美國不必違反基本人權，不必剝奪被告的法律正當程序，也可以處理顛覆、安全的問題。杜勒斯又重複了一次，這次沈錡非照實翻譯不可了。蔣經國聽了之後，「發出無法聽清楚的喃喃自語，示意他聽到了。」

根據後來擔任美國駐臺灣大使李潔明的回憶錄，美麗島事件發生之後，美國政府派遭「在臺協會」主席丁大衛到臺灣見蔣經國。丁大衛向蔣說，嚴厲懲罰美麗島人士會嚴重損害臺灣在美國的聲譽。如果能解除戒嚴、捨棄軍法審判而改為一般法庭審判，容許黨外人士表達異議，臺灣在美國和其他國家會得到更多的支持。丁大衛在其回憶錄中說，在他離開臺北前夕蔣經國派遣總統府祕書長宋長志告訴他：「雖然領導人都會以軍法審判，可是其他人都會由普通法院審理。而且，不會有人被判死刑。」

蔣經國顯然非常在意美國政府的態度，美國畢竟是臺灣的保護國。他在一九八二年一月派遣特使到美國，對美國國家安全會議亞洲事務部主任席格爾表達他對臺灣政治改革的腹案：民主化、本土化、維持經濟繁榮、對中國開放。蔣經國在一九八六年首度透露其改革計畫的對象，是《華盛頓郵報》的發行人。這些都顯示蔣經國對美國政府、國會和輿論的重視，以及美國對臺灣民主改革的影響。

不過讓國民黨政權最頭痛的不是美國政府，而是美國國會。一九八一年七月卡內基美隆大學統計系教授陳文成回臺灣探親期間，被警備總部約談。次日他的屍體在臺大校園被發現。不只國內民眾對這個案件議論紛紛，美國政府、國會更是關心。國民黨的「校園間諜」成為美國媒體的熱門新聞。國會立即開針對這個案件舉行聽證會，也討論了國民黨校園間諜的問題。

一九八二年眾議院外交委員會的亞太小組主席索拉茲，向眾議院提出〈五九一號臺灣決議文〉：

《臺灣關係法》確認，保護及促進所有臺灣居民的人權是美國的目標；臺灣施行的《戒嚴法》剝奪臺灣人民這些權利；民意代表被監禁，新聞記者被檢查，普通公民只因表達不同政治意見就被關入監牢；本院決議，眾議院呼籲臺灣統治權威取消《戒嚴法》，並且以更民主、更自由、更開放的制度加以取代，以保障所有臺灣居民權利。

一九八四年十月，讓美國政府和民間更為憤怒的案件發生：國民黨政府的情治首長在蔣經國知情的情況下，派遣黑社會殺手到美國洛杉磯「制裁」了對蔣經國和國民黨不友好的作家兼情報線民江南。索拉茲和李奇議員次年向眾議院提出〈臺灣民主決議文〉：

臺灣人民已經顯示他們有充分的能力參與民主的政治過程；然而，中央民意機構中只有一小部分得以改選，其他大多數的席位仍然由一九四〇年代選出的民意代表把持；一九四九年宣布的《戒嚴法》和其他臨時條款，禁止臺灣的民主反對勢力無法組織真正的反對黨，也限制了憲法保障的言論和出版自由；保護和增進所有臺灣居民的權利是美國的目標；《外交關係授權法》指出，國會認為「臺灣和平的未來部分繫於所有臺灣居民可以更大程度地參與政治事務，美國應該鼓勵臺灣的權威當局更努力朝向這個目標」，一個更自由、更開放、尊重所有人權的臺灣，將獲得美國人民更強大的道德支持；國會認為臺灣的權威當局應該繼續、也加速朝向一個完全民主的體制，特別是：

一、容許真正反對黨的組成，

二、取消新聞檢查，保障言論、出版和集會的自由，

朝向完全的民主代表政府。

參議員甘迺迪和佩爾於一九八六年三月向參議院提出內容大致相同的〈參議院一二一號決議文〉。該年五月二十日戒嚴三十七週年，甘迺迪、佩爾、索拉茲、李奇舉行記者會，宣布成立「臺灣民主委員會」。國民黨政府感受更大的壓力。五個月後，蔣經國

接見《華盛頓郵報》發行人葛蘭姆，公開宣布將解除戒嚴。

影響國民黨民主化的國際因素，除了美國政府的壓力，中國在鄧小平統治下的改革開放應該也發生了不小的作用。中華人民共和國已經在聯合國中取代中華民國的位置，又在一九七九年和美國建立正式外交關係。未來的世界中，中國將愈來愈活躍，愈來愈有影響力。臺灣已經毫無國際地位，又不被美國承認。如果臺灣的政府仍然只是內戰失敗的流亡政權，臺灣未來勢必更為孤立。曾經在這段期間（一九八一至八四年）擔任美國駐臺代表的李潔明，在回憶錄中說，蔣經國認為在這種情況下，為了保衛臺灣的自主性，臺灣必須發展成功的政治和經濟體制。

除了這些國際因素，國內治理的失敗也引導著蔣經國對民主改革的要求迅速讓步。

15 荒唐刺殺、治理危機

除了來自國際的壓力，內政的治理無方也侵蝕著民眾對國民黨政權的支持。雖然所有的民主運動者都被蔣經國關在監牢裡，他的政府仍然不斷以非常的手段整肅異己。陳文成教授被警備總部約談後，次日陳屍臺大校園。情治首長派黑社會殺手到美國謀殺作家江南。這兩個命案不只引起國內民眾的非議，也讓國民黨政府在美國的形象跌至谷底。威權政權的正當性很大程度依賴良善的治理，然而國民黨政府在這個階段中卻災禍連連：半年內礦坑三次災變，死亡兩百多人；國民黨財閥立委導致擠兌風潮等。

一九七七年開始的黨外民主運動，獲得美國臺灣人社區熱烈的支持。在美國讀書或就業的臺灣人，雖然仍處於國民黨線民監視的陰影中，對家鄉政治的關懷仍然熱情無比。臺灣的民主運動人士到美國演講，同鄉不辭勞累開車數小時參加是常事。在卡內基美隆大學統計系執教的陳文成教授，正是這樣一位同鄉。《美麗島》雜誌創辦的時候，他曾經募集當地同鄉的捐款匯給雜誌社。一九八一年暑假陳文成帶著家人回臺灣，離臺之前的七月二日早上九點被警備總部約談。第二天清晨，有人在臺大研究生圖書館外面的草皮上發現陳文成仰臥朝天的屍體；屍體只穿襪子，皮鞋散在旁邊，皮鞋裡有一張百元鈔票。皮帶沒有繫在長褲上，而是綁在腰部和胸部中間的襯衫上。他當時三十一歲，有個一歲的寶貝兒子，也剛獲聘為卡內基美隆大學的專任助理教授，即將展開美好的人生。

這個案件在國內和美國都引起相當大的注意。陳文成的家人說他一直沒有回家。警備總部卻宣稱，約談當天晚上九點即派專車將陳文成教授送回家裡。在公寓的樓梯半途，陳文成要警備總部的人回去，他可以自己上樓。政府的說法是，陳文成教授可能從外面的樓梯登上圖書館五樓陽臺，跳下來自殺、或者不小心摔下。也就是說，在遭受當時令人恐怖的警備總部約談整天之後，陳文成即使距離家門僅有數步之遙，仍然沒有走進家門報平安，就又外出。社會議論紛紛數天後，忽然有陳文成的同學鄧維祥出面，說當天晚上陳文成去過他家，並且在家裡寫了一封英文信。不過這封信一直沒有出現。鄧維祥說當時他的妻子和孩子也都已經就寢，所以也無法證實鄧的說法。這個命案充滿太多疑點，很少人相信政府的說法。

三週之後，索拉茲和李奇眾議員為此案舉行國會聽證會，李奇更在聽證會中秀出他和同事對國民黨在美國校園從事監視活動的調查報告。陳文成任教的卡內基美隆大學校長在聽證會上，表達對臺灣留學生安全的擔憂。校長商請美國著名的法醫鑑識專家魏契來臺調查。魏契曾經參與過幾個重大刑案的調查，包括芝加哥黑豹黨領導人為警察濫射殺害事件等，後來也參加了美式足球明星辛普森殺妻案。他對芝加哥黑豹黨案件的鑑識顯示，他的專業絲毫不受政治立場的影響。

魏契經國民黨政府核准，於九月下旬來臺灣調查三天。他在一九九六年出版的《墳墓的祕密》一書中，有兩章討論了陳文成命案和後來的余登發案。國民黨政府雖然讓他閱讀解剖報告，觀察遺體、器官及屍體現場，卻拒絕讓他將部分組織帶回美國做進一步檢驗。如果國民黨政府希望擺脫嫌疑，它應該答應魏契的要求，試圖讓真相大白。魏契回美國之前回答記者的詢問時說，陳文成的死因唯一可能是他殺。如果是自殺，他會落在距離圖書館更遠的草皮上，不會掉在建築物腳邊的水泥地。如果是不小心摔落，他會用手和腳保護身體，可是陳文成的四肢都沒有傷痕。陳文成身上唯一受傷的部位是脊椎和背部數根肋骨斷裂，明顯是被人由屋頂拋下水泥地。陳文成身體內出血顯示，被拋下後他沒有立即死亡。

八年之後魏契又來臺灣驗屍。一九八九年，余登發於自宅倒臥血泊中身亡，頭顱有傷口。警方認為是意外，家屬則堅持是政治謀殺，遭人以鈍器攻擊腦部致死。家屬因此自費邀請魏契來臺灣檢驗。勘查現場之後，魏契認為沒有人有高強的武功可以從屋旁的大樹飛入屋內。他認為死因是：余登發前一天八十五歲生日喝酒之後，不小心撞到衣櫥一角腦震盪跌倒。因為頭部流血不止，他試圖爬進浴室清洗，終因流血過多昏迷倒在浴室外面死亡。可是魏契在驗屍之前，突遭余家親人以尊重遺體為由阻止動刀。他向余家親人說，沒有動刀就無法驗屍，沒有驗屍就無法獲得真相。因為余家人的堅持，他終無法證明其假設。

陳文成命案沸騰一整年之後不久，更大的命案發生了。這次是發生在國民黨政權的保護國美國境內。而且，凶手的身分和動機也毫無疑問。國民黨政權因為這個命案在國外顏面掃地，在國內大失民心。

一九八四年十月中，住在美國舊金山的作家劉宜良在家裡車庫中，被人以手槍射殺，頭部、胸部、腹部各一槍，當場死亡。現場留下凶手作案用的兩輛自行車，後來成為破案關鍵。劉宜良以筆名江南撰寫的《蔣經國傳》在華人社區中頗受歡迎，他因此被視為對國民黨不友好的人士。這個暗殺事件在美國的華人社區立即引起騷動。由於死者的政治背景，加上他妻子對警方說她丈夫和聯邦調查局有來往，命案立即染上政治色彩。

聯邦調查局探員追查現場留下的兩輛自行車，從販賣商店的紀錄中得知了購買者的名字，查出其身分是在洛杉磯活動的竹聯幫分子。殺手之一的吳敦以真實姓名購買自行車，又將之留在作案現場，真是業餘的刺殺行動。而發動這件茲事體大的業餘謀殺行動的人，卻是臺灣政府專業的情治單位首長。在聯邦調查局的追查下，涉案竹聯幫分子的身分逐漸清楚。雙方的接觸也讓聯邦調查局後來獲得關鍵的錄音帶。鐵證如山，國民黨政府無法辯駁。

國防部軍事情報局局長汪希苓，在一九八四年八月吸收竹聯幫主陳啟禮、及該幫成員帥嶽峰成為該局情報員。經過將近一週的情報員訓練後，他派遣兩人於九月中旬到美國舊金山刺殺劉宜良。帥嶽峰抵達洛杉磯不久，因為家裡有事先行返回臺灣。幾天後，另一竹聯幫成員吳敦飛往美國接替。數月前就流亡在美國的另一竹聯幫資深成員董桂森，也在陳啟禮指示下加入這項任務。

情治單位的最高首長為何要刺殺作家劉宜良？美國調查採訪記者凱普蘭所寫的《龍之火》一書，對劉宜良的背景和刺殺計畫有詳細的描述。劉宜良跟著國民黨來到臺灣之後進入政治作戰學校，是該校第一期的學生。畢業後他進入情報局資深特務夏曉華經營的正聲廣播電臺，當了六年的導播兼記者。劉宜良在臺灣的整個生涯都受到夏曉華的提拔。在夏曉華的支持下，劉宜良奉派至香港採訪，之後出版關於香港的專書。接著又奉派到東南亞，回來也出版專書，談東南亞的政局。由於劉宜良文筆生動，兩本書的銷路都甚佳。之後，夏曉華又答應劉宜良的要求，於一九六七年以《臺灣日報》特派員的身分派遣他到美國。

到了美國之後，劉宜良一面教中文、一面幫報紙寫稿，同時進入大學研究所讀碩士班。畢業後獲得美國的永久居留權，後來獲得美國公民權。劉宜良夫妻為了生活陸續開過數家禮品店。也在這個時候他開始收集蔣經國的資料。為了寫蔣經國，他訪問蔣介石父子的政敵吳國禎。普林斯頓大學畢業的吳國禎曾經當過臺灣省主席，被視為國民黨內的自由派，當時流亡在美國。劉宜良將訪談內容在香港雜誌上發表，激怒了國民黨高層。蔣介石過世後，他也在香港發表了嚴厲批評蔣介石的文章。不久之後，香港雜誌將他用「丁依」筆名所寫的蔣經國系列文章，集結成書出版《蔣經國傳》。

劉宜良之後去中國旅行一個月。回到美國不久，聯邦調查局訪問他，詢問他在中國所見所聞，也歡迎他隨時和該局聯絡提供資訊。劉宜良從此和聯邦調查局展開將近九年的關係。

劉宜良搬家到舊金山之前，就在華盛頓認識汪希苓。汪希苓當時是國家安全局派在美國的領導人，負責在美國的情報工作。海軍出身的汪希苓曾經在蔣介石身邊五年，後來被派往義大利大使館當武官。去美國之前的職位是國家安全局副局長。凱普蘭說，汪希苓在該次會面中用非常直接的語氣告訴劉宜良，最好不要寫蔣家。已經是美國公民的劉宜良，並沒有被臺灣的情治人員嚇到。他繼續發表關於蔣經國的文章。他同時也為親中共的《舊金山紀事報》寫政治評論，批評臺灣政府。

情報局在一九八三年拜託夏曉華到美國勸阻劉宜良。夏曉華對劉宜良有再造之恩，在其勸說下劉宜良答應修改《蔣經國傳》：除了語氣較為溫和，也刪除過於敏感的部分。劉宜良同時答應接受情報局的金錢，定期提供情報。汪希苓這時候已經被調回臺灣，接任情報局長。情報局後來由夏曉華轉告劉宜良，他們願意支付改稿費八千美元，工作費每月一千美元。至此，劉宜良成為美、中、臺三個政府情報機構的線民。他對情報局提供的情報，除了他和中國政府人員的接觸所得外，還包括舊金山地區臺獨組織成員的資料和活動。

雖然按月接受情報局的薪水，劉宜良還是不斷發表讓國民黨非常惱怒的文章。〈吳國禎八十憶往〉甚至提到蔣介石父子對吳國禎的暗殺計畫。之後的文章更是直言批評蔣經國。付錢的情報局對這項行為顯然無法忍受。

根據凱普蘭的調查，汪希苓告訴陳啟禮必須「制裁」劉宜良的五個原因是，第一，劉的文章不斷醜化國民黨、詆毀蔣經國形象。二，劉按月支領情報局一千元工作費，又向美國聯邦調查局拿錢，在中國又接受招待和餽贈，是三面間諜。三，劉宜良有出賣我方在美國的情報員給中國的嫌疑。四，和美國斷交後，很多外交人員抗命不返臺。制裁劉宜良可以警告他們。五，劉正開始撰寫蔣介石夫人宋美齡的傳記，內容引用荒唐傳聞對蔣夫人有極度詆毀。

十月十五日早上，董桂森和吳敦的暗殺任務成功結束後，團隊在等待適當時機返回臺灣期間，竹聯幫成員「白狼」張安樂提醒陳啟禮，謹防情報局過河拆橋。陳啟禮加入情報局畢竟才兩個月，這也是他的第一項任務。雙方仍然缺乏互信。於是陳啟禮將他受情報局指令刺殺劉宜良的整個過程，都口述錄音並且拷貝兩卷錄音帶。這是將來自保的工具。

臺灣警方於十一月中在國家安全局的指揮下，展開全面掃黑行動。竹聯幫幫主陳啟禮首先被逮捕入獄。當時負責「一清專案」的臺北市警察局長顏世錫後來回憶說，他奉令先成功逮捕陳啟禮之後，再開始逮捕其他人。將近兩週的時間，恐慌的殺手吳敦不斷和情報局官員聯絡，都沒有獲得滿意的答案，陳啟禮仍然沒有被釋放。吳敦後來也被逮捕。國民黨政府告訴聯邦調查局已經逮捕謀殺劉宜良的凶手，張安樂對陳啟禮的警告成真：國民黨政府拆橋了。於是白狼透過中間人，以陳啟禮口述的錄音帶和國家安全局長汪敬煦談判。汪的回訊是：對錄音帶沒興趣、不談判。於是白狼於一月初將錄音帶交給了聯邦調查局。國民黨政府終於無法抵賴其情報機構策劃謀殺異議分子。

這項制裁計畫整個過程都非常荒唐。首先，美國是臺灣安全、國民黨政權的保護者，而國民黨竟然派殺手到美國境內殺人。第二，計畫的執行者完全業餘，情報局甚至沒有派遣專業情報員到當地坐鎮指揮。第三，合作的對象是吸收不久、專業不足，而且尚未建立互信的黑道分子。缺乏專業和互信果然造成巨大災難。如果不是缺乏互信，陳啟禮不會錄下那卷關鍵的錄音帶。

這個刺殺行動到底是情治機關自己發動？還是經由高層授意，或至少核准？如果經由高層授意或核准，那麼高層有多高？這個問題過去一直沒有解答。當時的傳言多認為指使者是蔣經國的兒子蔣孝武。而刺殺行動的策劃者汪希苓也一直保持緘默。直到二〇一七年，汪希苓才告訴《破局》一書的作者吳建國，他在發動刺殺行動之前曾指示下屬陳虎門副處長，將「制裁行動計畫書」親自交給國安局長汪敬煦、以及國安會祕書長汪道淵。陳虎門也證實這件事，「至於他們有沒有再上呈報給蔣經國總統，我們不知道。」陳啟禮等人回到臺灣之後，汪希苓又親自向汪敬煦報告制裁任務順利完成。

到底汪敬煦和汪道淵有沒有向蔣經國報告這個計畫？國安會是國家領導人最親近的幕僚機構，工作地點就在總統府，其祕書長是總統的直接下屬。國安局則是最高情治單位，直接對總統負責。蔣經國兩個最直接、最重要的部屬都收到了計畫書。他們敢不敢對上司隱瞞如此重要的行動？蔣經國不但不是一個昏庸的統治者，而且非常精明。若說兩個直接屬下同時對他隱瞞如此重要的事，很少人會相信。

制裁行動雖然荒唐大膽，如果不是因為情治官員內鬥，謀殺案仍然不致曝光。國安局長汪敬煦對整個暗殺行動全然瞭解，甚至收到了計畫書。如果不是他故意逮捕陳啟禮、又拒絕談判，引起暗殺團隊的緊張，陳啟禮的手下當不至於將錄音帶交給聯邦調查局。

這又是獨裁政權的矛盾之一。獨裁政權需要情治系統來監視人民、整肅異議分子。

可是獨裁者永遠無法知道，一向在黑暗中工作的情治人員到底在做些什麼。獨裁者甚至擔心情治系統的背叛，南韓的朴正熙為情報頭子暗殺就是典型的例子。這也是為什麼獨裁者經常設立多元的祕密警察系統，彼此監視、互相牽制。然而互相牽制的結果，卻經常導致互相鬥爭而對政權造成傷害。

次年二月上旬眾議員索拉茲在國會對這個案件舉辦了公聽會。之前《華盛頓郵報》大幅報導這個案件，說它是「在美國本土發生的恐怖主義野蠻行為」。聽證會當然讓國民黨政府非常難堪。

刺殺行動的主使者軍事情報局長汪希苓被判處無期徒刑，關在景美看守所角落的一幢平房，內有客廳、浴室、餐廳等，家人可以經常會面探視、甚至過夜。後來他獲得減刑，並且被轉移到陽明山軍事監獄；該處待遇如何外人無法得知。他在一九九一年一月出獄。

刺殺劉宜良之前幾個月，臺灣兩個礦坑爆炸，共有一百七十五名礦工遇難，震驚社會。刺殺案曝光不久，三峽的海山煤礦又發生爆炸，九十三名礦工遇難。三個煤礦礦坑連續發生大災變，政府監督機構顯然沒有盡到責任。劉宜良刺殺案，讓人覺得國民黨政府的情治機構無法無天。煤礦礦坑不斷爆炸、龐大的遇難人數，則讓人覺得國民黨政府完全失能。海山煤礦爆炸兩個月之後，出現了政府失能的更大案子：臺北十信案。

臺北第十信用合作社當時有十八家分社、六萬多名社員，存款額最高達一百七十一億元，是當時規模最大、歷史最久的信用合作社。該社的理事長是國泰集團的董事長蔡萬春。蔡萬春的兒子蔡辰洲在一九八二年獲得國民黨提名，當選立法委員。他在立法院內和另外十二名立委組成「十三兄弟會」，成員包括王金平、劉松藩、洪玉欽、謝生富、李宗仁、李友吉、林聯輝、蔡勝邦、吳梓及蕭瑞徵等，勢力龐大，經常招待其他立委出國旅遊，也成為立法院內最強大的勢力。

財政部在一九八三年進行金融事務檢查時發現，臺北十信有不正常貸款現象，乃派員進駐輔導，並給予警告。隔年臺北十信又發生不良放款跳升現象。財政部駐十信人員表示，該行現金有偏低之現象。財政部督促臺北十信限期改善，然而情況並無好轉。後來臺北市政府財政局調查十信營業違規登上媒體後，臺北十信各分社出現擠兌提款現象。然而財政部次長李洪鰲卻對新聞媒體說，主因是十信客戶準備發年終獎金給員工；各大銀行皆有這個現象。

一九八五年二月，中央銀行總裁張繼正和財政部長陸潤康向媒體表示，當前金融紀律有問題。張繼正說，過去臺北十信屢次嚴重違規，但皆因為利益團體力量太大，動員所有人情關說而使得主管單位僅止於糾正處分，但未揭發弊案。當時十信的存款才一百五十一億，放款卻達一百五十四億。財政部因此命令十信停止營業三天，並由臺灣省合作金庫暫為接管以清查整頓。次日並宣布臺北十信現任及前任理監事限制出境、禁止財產轉移。此舉引起存款者恐慌，立即發生擠兌風潮，被提款金額將近六十二億元，連帶影響蔡辰男的關係企業國泰信託也出現擠兌，被提領九十億元。

臺北地檢處於三月一日獲得立法院同意，以涉嫌侵占、背信、偽造文書等罪名逮捕立法委員蔡辰洲等人。時任經濟部長（前財政部長）徐立德、財政部長陸潤康、以及推薦提名蔡辰洲競選立法委員的總統府祕書蔣彥士均去職。

這時臺灣的民主進程來到新的轉折點。一方面，民主運動更為強壯、人民的支持更為熱烈；另一方面獨裁政權的治理頻頻出錯。在內外交困的局面下，蔣經國將做出什麼選擇？在這個歷史的關鍵時刻，蔣經國的抉擇成為臺灣民主化的重要變數。

16 蔣經國的抉擇

如果你是一九八〇年代的蔣經國，你面臨什麼樣的局面呢？所有先前要求民主和人權的人，都被你關在監牢裡。可是問題非但沒有解決、甚至更嚴重：有更多人不怕你的監牢，繼續挑戰你，繼續要求民主。你同時也知道，國際情勢的變化讓你再也無法用內戰戒嚴體制來為你的威權統治辯護。你當然更知道，你的國民黨的官方意識形態、你過去宣稱要用來統一中國的三民主義，本質就是自由民主主義。你公開呼籲要用「三民主義統一中國」，自己卻不願意在臺灣加以實行，實在很難說服人民。如今，你的威權統治方式再也講不出任何道理；雖然很多學者樂於幫你辯護，可是人民似乎不太理會這些學者。

然後你想到，你的保護國對你的統治方式好幾年來一直頗有微詞。更麻煩的是，你的情治機構竟然派遣黑社會殺手到對方的國境，刺殺美國公民。你的人民也因此對先前兩件震撼社會的謀殺案，有了新的體會。然後你的施政頻頻出錯，你的政府逐漸失去人民的支持。似乎全世界都在和你的威權統治作對。而你已經是七十多歲的老人，身體狀況不佳，也來日無多。

如果你是蔣經國，你會怎麼做？你有多少選擇？你當然可以使用更強的力道再度壓制民主的呼聲、甚至逮捕所有的民主運動者，畢竟所有的武力，軍隊、警察、情治系統都仍然牢牢地掌握在你手中。可是再度壓制的結果將會如何？

隔鄰的菲律賓適時提供了警示。菲律賓的獨裁者馬可仕在一九六五年當選菲律賓總統後，逐漸將軍隊、警察納入其掌控，也開始逐步累積權力、侵蝕監督和制衡的機制，終於在一九七二年九月宣布戒嚴。在戒嚴體制下，最高法院和國會被凍結，媒體被嚴格限制，反對黨的議員、學生運動及勞工運動的參與者紛紛遭到逮捕。大多數的民主運動領袖不是在監獄裡就是流亡海外。在他的獨裁統治下，左派勢力在北部、穆斯林在南方民答那峨，同時進行武裝叛變。

然而最終在一九八六年推倒馬可仕獨裁政權的，卻是大規模的民眾集結抗議行動。

在戒嚴期間，唯一沒有被控制的社會力量是天主教會。天主教會中反馬可仕的代表人物是辛海綿主教（Cardinal Jaime Lachica Sin）。他在一九七四年領導祈禱守夜活動，有五千人參加，是戒嚴期間最大規模的抗議集會。一直到八〇年代，辛主教都不斷批判馬可仕政權的人權侵害和刑求，不過同時也呼籲停止用武力反抗政權。

一九七八年舉行的選舉，被關在獄中的反對運動領袖艾奎諾，組織「國家力量黨」參與選舉。獨裁政府當然在選舉中大規模作票，選舉結果必然是執政黨獲得大勝。儘管是在戒嚴期間，抗議選舉舞弊集會和遊行持續了數天，五百多人遭逮捕。在美國要求政治「正常化」的壓力下，馬可仕在一九八一年一月取消戒嚴，在該年四月舉行總統選舉，結果當然也是馬可仕大勝，總統任期獲得延長六年。可是商業界卻開始反叛，不斷攻擊馬可仕政權的裙帶資本主義、官商勾結、公務員嚴重貪汙、馬可仕的奢侈浪費。在國內政局動盪中，一九八〇年流亡到美國的民主運動領袖艾奎諾決定在八三年返國。剛飛抵馬尼拉國際機場的艾奎諾，雖然身穿防彈背心仍然在走出飛機後即遭軍人護衛槍殺。

兩百萬人參加了艾奎諾的喪禮。之後的抗議示威持續十一小時。九月中旬開始，商業界發動在馬尼拉商業區進行每週一次的抗議遊行。當十萬白領階級遊行抗議，在街道兩旁高樓大廈上班的職員撕裂電話號碼簿，從高空丟下紙海加以聲援。隔年二月，中產階級發動馬拉松長跑：從艾奎諾住家到馬尼拉國際機場，共七十五英里，大約有五十萬人參加。辛主教宣布艾奎諾為民族殉道者，許多軍官親自向艾奎諾遺孀致哀，國防部長參加哀思的行列。艾奎諾被殺之後的四個月間，總共發生一百六十五場抗議、示威、遊行事件。馬可仕政權的對應方式是：以更高壓的手段來壓制抗議。九月的一場示威遊行中，警察對群眾開槍，殺死十一名示威者。

一九八四年五月的國會選舉，提供反對者另一場大規模集結的機會。在政府明目張膽的舞弊下，艾奎諾遺孀柯拉蓉領導的「民主陣線」仍然在馬尼拉市的二十一個席次中贏得十五席，全國則獲得六十席，占國會總席次的三分之一。更重要的是，投票率高達百分之九十。杯葛選舉的反對派看到這麼高的投票率，後來也都參加了選舉。

一九八六年二月的總統選舉對民主轉型是一個關鍵。柯拉蓉在辛主教的催促下，代表反對派出任總統候選人。她在選舉期間經常覆述亡夫的名言：「我們不能用武力對抗馬可仕，因為他有太多武力。我們不能用金錢和他對抗，因為我們沒有錢。我們唯一能用來和他對抗的是道德。」柯拉蓉在每一場政見會上向群眾說，「我請求你們幫助我，一起顛覆馬可仕的政權。」

馬可仕政權照例大規模買票和舞弊；舞弊惡劣的程度導致計票中心的三十多位工作

人員，在計票過程中集體罷工出走。二月十五日，投票日後一週，政府控制的選務機構宣布馬可仕當選總統。第二天，兩百萬人參與馬尼拉的抗議集會，柯拉蓉在集會中宣布：當選總統的是她和菲律賓人民。柯拉蓉同時宣布將在馬可仕二十五日就職典禮的第二天，發動「人民勝利」不服從運動，包括全國大罷工、向受到政權恩庇的銀行擠兌、拒絕繳稅、杯葛國家控制的媒體等。「菲律賓主教會議」發表公開信，指出「用舞弊方式以獲得、或保持權力的政府缺乏道德基礎。此種方式無異於用武力奪取權力，不可能獲得公民的服從。」

然而不服從運動尚未發動，國防部長以及副參謀長羅慕斯領導的軍事政變曝光。國防部長和四百多位軍人於二月二十二日進入馬尼拉附近的軍營避難。羅慕斯將軍公開宣布支持國防部長，並號召軍隊參加國防部長的行動。兩人隨後共同召開記者會，聲明和馬可仕政權決裂，並且宣布柯拉蓉才是菲律賓合法的總統。

當天晚上馬可仕在電視記者會上警告叛軍，要他們立即投降。兩個小時之後，辛主教在電臺廣播中呼籲民眾「支持我們兩個好朋友，在這個重要時刻展示我們的團結」。數小時之後，從半夜直到次日早上，數萬民眾響應辛主教的號召，帶著十字架和聖母像到現場。也送飲水、食物和日用品入軍營給叛軍。許多教士和修女身穿白色長袍在軍營外面圈成人肉圍牆，保護叛軍免於政府軍的攻擊。第二天，菲律賓的商界領袖、政府官員及政治人物會見了國防部長和羅慕斯，公開宣布支持叛軍。雖然大勢已去，馬可仕仍然頑抗：「我會繼續留在總統的職位上，如果有必要，我會動用手中所有的武力保護這個職位。」羅慕斯隨後號召「人民革命」；國防部長則宣稱，外省百分之九十的軍隊指揮官都支持他們。

當天馬可仕下令坦克部隊進攻軍營。然而坦克卻在軍營外一英里處，被大量群眾擋住。指揮官給群眾三十分鐘的時間解散，否則將對群眾開火。部分受過非武力抗爭訓練的民眾，帶領群眾席地而坐。修女們則在坦克車前面下跪祈禱，許多民眾跟著修女下跪。時間一分一分過去，雙方都沒有動作。所有的人都緊張萬分，沒有人知道會發生什麼事。在僵持中一位軍官下令重新啟動坦克車引擎，悲劇似乎不可避免。

突然，一件美妙的怪事發生了。一位八十多歲的老太太，坐著輪椅衝到坦克車前面大喊：「要殺就殺我這個老太婆，不要殺這些年輕人。」然後一名軍人從坦克車裡面爬出來，跳到地上擁抱這位老祖母。全場歡聲雷動。一名父親將三歲小女兒舉上軍用卡車，讓軍人抱他親她。民眾將花、巧克力和飲料送給軍人，要求他們參加人民的起義。指揮官只好命令部隊撤退。透過國際媒體的傳播，這一幕影響了全國各地的駐軍。飛行員拒絕轟炸叛軍營區的命令，愈來愈多的軍隊參加反叛。

二月二十四日，馬可仕在他的就職典禮前一天宣布全國進入緊急狀態。下午柯拉蓉來到叛軍的營區，向叛軍致意並且和民眾合唱「聖母瑪利亞」。晚上，效忠馬可仕的將軍宣布，軍隊已經準備好隨時可以「摧毀」叛軍。然而數小時之後叛軍占領國營電視臺第四頻道，切斷正在廣播中的馬可仕談話，換上反對運動的節目。數萬民眾隨即包圍第四頻道電視臺，保護占領電視臺的叛軍。當政府軍出動欲奪回電視臺，民眾立即將他們包圍，並且送上漢堡、甜甜圈和橘子汽水。指揮官只好下令撤退。

馬可仕的政權如今已是非倒不可。一向支持馬可仕獨裁政權的雷根總統，從白宮發出一則聲明：為了避免流血，馬可仕應該辭職。馬可仕的回應是他拒絕辭職，並且「將戰到最後一滴血流完為止」。獨裁者平日養尊處優、到處被奉承，即使曾經勇敢過，勇氣也早就消磨殆盡了。他們很少願意捨身，不論是為了權力還是為了理念。義大利的獨裁者墨索里尼得勢的時候高呼：「請跟隨我前進！如果我倒下，請踩過我的身體繼續往前邁進。」一當敗象初現、戰爭還沒結束，他就迫不及待地和妻子逃往瑞士。夫妻在邊境被反抗法西斯的民眾發現處死之後，屍體運回米蘭倒吊在廣場上示眾。同樣的，幾天之後馬可仕的第一滴血都還沒流出來，就搭美國人的飛機逃到了夏威夷。馬可仕宣稱要戰到最後一滴血不久，柯拉蓉宣布她的政府將於隔天早上正式成立。

二月二十五日早上，柯拉蓉在大法官的監督下宣示就任菲律賓總統，然後任命羅慕斯為參謀總長，最早叛變的國防部長繼續原來的職位。兩個小時之後，馬可仕也宣示就職。菲律賓出現兩個總統、兩個政府。不久，所有的電視臺也都被叛軍占領。馬可仕如今不只失去美國的支持，也失去發言的工具，而且愈來愈多的軍隊叛離。陷入絕境的馬可仕向國防部長提議，雙方分享權力。遭拒絕後，他請求讓他和家人安全離開菲律賓。經過柯拉蓉、馬可仕及美國駐菲律賓大使的三方談判，一架美國直昇機載著馬可仕和他的三十位親人，飛往附近的美國空軍基地。他們接著轉搭噴射機飛往夏威夷。當馬可仕流亡的消息傳開，馬尼拉民眾在街上跳舞，晚上到處有煙火、及祈禱守夜。

蔣經國的軍隊在意識形態和族群背景上，都和臺灣社會非常隔離，因此沒有叛變之虞。可是鄰國的發展仍然提供了警訊：群眾隨時可以受到事件的刺激而大規模集結；壓制群眾集結極可能造成更大的抗議和集結。惡性循環的結果可能導致獨裁政權垮臺。第三波民主化的潮流中不乏類似的「展示效果」：一個國家的統治者或是人民，從其他國家（通常是鄰近國家）的發展中，得到警告或鼓舞，因此促成了民主化。

馬可仕流亡到夏威夷一個多月後，蔣經國在國民黨第十二屆三中全會提出「政治革新」議案，並任命十二位中常委組成政治革新小組。討論六項議題：中央民意機構改革、地方自治改革、國家安全法令改革、民間社會組織改革、強化社會治安、加強黨務工作。其中幾項議題明顯和國會全面改選、取消戒嚴、開放黨禁有關。可是民眾仍然不清楚，這個革新小組將做出何種結論。直到一九八六年七月他接受《華盛頓郵報》發行人葛蘭姆女士訪談，他才顯露真正的意圖。他公開表示將取消戒嚴。如果取消戒嚴、結束內戰狀態，那就得根據《中華民國憲法》實施民主政治。該年九月底民進黨成立，臺灣的媒體之後數天都不知如何反應。後來才知道蔣經國採取容忍的態度。

反對黨可以自由組織、活動，和執政黨公平競爭，是民主化的門檻。過了這個門檻，民主轉型大致完成。剩下的工作只是整理威權統治的遺緒，例如修改或廢除不合民主原則的法律和制度等。這項整理威權遺緒的工作，後來在蔣經國的繼任者李登輝手中完成。李登輝因此獲得「民主先生」的美譽。國民黨的前任領導人是民主的推動者，接任的領導人則是民主先生。恐怖統治臺灣四十年、傷害無數同胞的國民黨，成為臺灣民主的功臣。

從國民黨統治臺灣早期開始，整個白色恐怖期間都控制所有情治系統的蔣經國，終於在遲暮之年做出了民主妥協。他年輕力壯的時候，對雷震的自由中國組黨運動充滿敵意。他所掌控的國防部總政戰部，以公文指示警備總部，雷震的《自由中國》雜誌刊登的許多文章「論調荒謬，煽動滋事分子反政府，違法出賣國家主權；且其一貫破壞反共團結，違反反共國策，乃係有計畫之政治顛覆陰謀」。他主持以雷震為目標的「雨田專案」會議時，直言表示，「雷震之《自由中國》煽動言論，軍中與學校受其影響很大，各單位黨員同志，應即採取處置。尤其雷震反對總裁連任，無視黨國存在，表示雷震與匪黨勾結行動已經違法，各單位應提出步驟與辦法，解決問題。」

如今國內外情勢在他的晚年已大為改觀：民主運動愈是壓制愈為壯大；保護國的美國政府公然批評他的統治方式；對岸的敵對政權受到世界的承認，正開始積極地要在國際舞臺上活躍，他的政府則愈來愈孤立；他的治理讓人民失望，兩個命案則讓他的政府不只缺乏正當性，也失去道德性。

公開宣示將讓臺灣轉型為民主體制之後不到兩年，他就過世了。他過世之後，先前主張臺灣不需要、甚至不應該有西方式民主的學者，因他「推動」西方式民主而頌讚他。中央研究院院士金耀基先生如今寫道，「我相信，他自己一定是以無限關懷的心情離開人間的。他這幾年來，一直以帶病之身，為國事憂勞，幾乎已經到了有國無家，有國無己的地步……在民主政治發展方面，他更是為中國現代化最難的一關，做出了突破性的建設，使臺灣邁入了中國歷史上新的境界。」

蔣經國晚年所做的抉擇，使他成為臺灣民主的推動者。曾任中國國務院總理七年、中國共產黨總書記兩年，被視為民主改革派的趙紫陽，在天安門事件後失勢。在他遭軟禁的十六年間，正是臺灣民主化的黃金時期：戒嚴解除、言論和結社充分自由、政黨和平競爭、執政黨輪替。目睹臺灣民主的充沛活力，趙紫陽對蔣經國充滿了仰慕之情。「蔣經國是個了不得的人物。如南韓、印尼等國家，都是在反對派的壓力下轉向民主政治的。而蔣經國則是順應世界潮流，主動推行民主改革的。」

甚至許多自由派的學者，也對蔣經國的民主改革推崇有加。

蔣總統對民主政治的貢獻是無可抹滅的。（高英茂）

經國先生是一位非常有魄力、有遠見的政治領袖。他能在一個非常權威化的政治制度中帶動改革，帶動民主化……他必然將在歷史上留下崇高的地位。（張旭成）

蔣經國無愧為中華民族的民主英雄。（逯耀東）

蔣經國在歷史上的地位，無過於推動民主的改革。（林毓生）

經國先生近數年來全力領導民主改革，他已成為中國民主前途的象徵。（余英時）

經國先生一生公忠體國，不避謗怨……其功業中最有長遠影響的，當然是政治民主化。（許倬雲）

曾經生活在他統治下的人，和自由派學者應有完全不同的感受。從國民黨統治臺灣的早期，他就掌控全部的情治機構。在白色恐怖時期，中國共產黨對臺灣的大量滲透是不爭的事實。可是有更多的無辜者、天真的學生和異議分子，在他的統治下失去自由和生命；他的政權如果願意更寬容、更溫和地看待人民對民主的期待、對自由的渴望，許多悲劇都可以不用發生，許多青春可以不用浪費。也有無數人的親情和友情，在白色恐怖的氣氛下受到創傷。他對雷震自由中國組黨運動充滿敵視；對美麗島民主運動者則加以逮捕、刑求和屠殺。讚揚他推動民主，實在是對常識的巨大挑戰。

然而他在晚年所做的民主妥協，對臺灣政治卻有深遠的影響。因為他的快速妥協，讓臺灣的民主化在短期間內完成，而且沒有造成太多傷亡、沒有付出太大的代價。另一方面，快速妥協造成了他主動推動民主的錯覺，因而保障了國民黨在民主時代的政治競爭力。在第三波民主化的世界性浪潮中，臺灣的國民黨是唯一在民主化之後沒有立即失去政權的前威權政黨。臺灣人李登輝成為國民黨的領導人，當然是一個因素。不過，其先前的領導人蔣經國被視為臺灣民主推動者的錯覺，也是重要的原因。

這項錯覺也成就了蔣經國的歷史地位。直到今天，蔣經國都被民眾認為是「對臺灣最有貢獻」的總統。蔣經國受歡迎的部分原因來自他的「親民作風」。這個形象和他的父親有強烈的對比。父子兩人是當時臺灣人民戰後僅有的統治者。他的父親既是「民族救星」，當然就得高掛天上、遙不可及。能見到他是人生難得的機緣。可是蔣經國不一樣。他父親的天下雖然只剩孤島臺灣，畢竟是自己打來的。蔣經國的天下卻是繼承而來，所以他必須創造民眾的普遍支持。另一方面，當獨裁者無法用選票來證明自己多麼受人民愛戴，唯一方式是到人民當中接受歡呼。他的日記充滿被人民喜愛的感動。「到達成功大學時，被學生包圍簽名，握手問好……此一情形給我很大鼓勵。有一老農民又送我蛤蜊，其情至為誠懇……上碼頭時，又被人群包圍歡呼，余深為感動，含淚上車。」「有一農家八十六歲的老太太，手持蕉扇，要摸摸我的手，最使人感動。」「他們發現我在山坡上，就像人潮一樣，向我湧來，問好、握手，一起攝影，情緒之自然和熱烈，令人感動非常。」

獨裁者為民眾喜愛並不少見。最極端的例子或許是史達林。不同的歷史學者對史達林屠殺人數的推估差距甚大。一項估計是：一九三七到三八年的大整肅期間，超過一百萬人被槍決，另外兩百萬人死於勞改營。而整個史達林統治期間的死難人數則是兩千萬人。一項由祕密警察機關ＫＧＢ提供給史達林的繼任者赫魯雪夫的文件，推估從一九三五到四一年的六年間有六百萬人喪生。俄國共產黨垮臺之後，ＫＧＢ的解密檔案顯示，一九三七年有三十五萬三千零七十四人遭槍決，四十二萬九千三百一十一人被逮捕監禁；次年則有三十二萬八千六百一十八人遭槍決，二十萬五千五百零九人被逮捕。俄國詩人安娜．阿赫瑪妥娃的詩說，「這些年只有死亡的人會微笑，欣慰終於得以休息。」

可是俄國一份雜誌在二〇一五年所做的民調顯示，百分之五十二的受訪者認為史達林對國家「可能有貢獻」和「絕對有貢獻」。該雜誌二〇一七年的民調則顯示，百分之四十的受訪者認為「史達林時代對國家帶來的好處大於壞處」。這些民調印證了俄國一位作家先前的評論，「史達林完成了一項人類歷史上從來沒有人可以做到的奇蹟：消滅了數百萬他的同胞，同時得到全體國人的崇拜。」中央研究院社會學研究所在二〇〇三年七月所做的一項電話調查訪問也發現，百分之四十六的受訪者同意「像解嚴之前蔣經國時代那樣的政治，對臺灣比較好」。

俄國一位小說家說，「當史達林在最後一個俄國人的靈魂中死去之後，你就可以說我們的國家終於有了未來。」民主的建構或許如美國一位學者所說，如果用電影來比喻的話，它不是《日正當中》這部西部片：英雄主角孤單而勇敢地對抗惡勢力，消滅所有壞人黨羽之後，英雄偕同新婚妻子遠走他鄉，然後鎮民獲得安寧、故事終結。民主社會的建構比較像《異形》：當怪物被消滅、英雄終於得以休息之後，另外一隻怪物卻以不同的形式、從意外的地方冒出來，所以還有著續集。民主的建構或許是一條漫長的道路；在這條路上我們剛起步，未來還有很多險阻。其中有些來自對岸的軍事強權，有些來自我們心中的價值。對於新生的臺灣民族，過去這個階段的努力確實值得記憶。不過，未來的挑戰或許更大。記憶過去，或許（只是或許）可以激勵未來。

17 民族的記憶與遺忘

本書對臺灣民族的記憶庫做了初步的整理。美麗島事件是臺灣發展歷程中非常重要的事件，本書試圖將它保存在民族的記憶中。可是，它為何值得保存？是否所有發生過的「重大」事件，都值得保存成為民族記憶？如果不是，選擇、甚至剪裁的標準何在？

在轉型正義成為流行的今天，記憶是不能挑戰的美德，遺忘則是不可原諒的過失。「不願記憶歷史的人，必然重蹈歷史的覆轍。」「只有記憶過去，才能防止過去再度發生。」「真相才能帶來和解。」我們不斷如此宣稱，也如此深信不疑。可是人類社會的發展、歷史的演進真的這麼簡單嗎？

為什麼我們必須記憶？對苦難的記憶並不能防止未來再度發生苦難。英國第一次世界大戰之後損失慘重，幾乎每一個人都有父親、丈夫、兒子、兄弟、情人因為戰爭而喪生或殘廢。「永遠不再！」是戰後最流行的口號。可是，在戰爭慘狀仍然記憶鮮明的二十年後，更慘烈的戰爭發生了。當猶太大屠殺的記憶成為全人類的遺產，東巴基斯坦、柬埔寨、盧安達仍然發生種族滅絕的悲劇。認為記憶可以防止未來再度發生，這樣的想法或許太過天真。

為什麼我們不能遺忘？遺忘可以帶來政治和解，所以政治領袖經常選擇遺忘。十六世紀法國慘烈的宗教戰爭結束後，亨利四世頒布的〈南特詔書〉開頭這樣說，「一五八五年之後雙方發生過的所有事情的記憶，都要全部抹除，視為空白和無效……我們禁止所有的子民，不論哪一個階級或機構，喚起對這些事情的記憶。」

美國內戰結束兩年之後，南方的軍事統帥李將軍被邀請至蓋茨堡參加紀念活動。李將軍拒絕了。他說，「比較有智慧的方式是……不要去觸痛戰爭的傷痕，而是跟隨某些國家的榜樣，努力去遺忘內部的衝突和鬥爭，也努力消除它們所引發的情緒。」

邱吉爾在一九四六年說，「如果歐洲要免於無盡的苦難……我們必須遺忘所有的罪行和愚行。」歷史學者賈德附和他的說法，「二次大戰後西方的民主是建立在遺忘的基礎上。」歷史學者艾許認為，西德第一任總理愛德諾在五〇年代以赦免和遺忘，來壓制對納粹的歷史記憶，西德的民主才成為可能。更近的例子當然是西班牙在民主轉型過程中，所有的政治菁英都接受「遺忘協定」，禁止回憶內戰時期的分裂和衝突。西班牙人民特意遺忘了三十年，直到民主穩固之後才又恢復了記憶。

這些例子顯示，在民族的發展和鞏固的過程中，遺忘或許和記憶同樣重要。許多歷史學者都指出，對族群壓迫和內戰等歷史的遺忘，是民族鞏固的必要條件。

然而，很少人會主張我們全然地遺忘過去，或永遠地遺忘過去。特別是加害者對過去的遺忘，等同對基本倫理的侵犯，對受難者的二度傷害。重要的問題不是我們須不須要記憶，能不能遺忘。而是記憶什麼，遺忘什麼？以及如何記憶，如何遺忘？如果記憶不能防止再度發生，那麼記憶的目的是為了什麼？

這些重要的問題，既是轉型正義工作必須處理，也是民族形成勢必面對。「臺灣人」民族的歷史並非「四百年」，我們其實仍處在民族形成的初始階段。在這個民族形成的初始階段，我們又同時面臨轉型正義情境。這是臺灣的歷史特殊性。轉型正義和民族形成對重大事件的記憶和遺忘，或有不同的要求和期待。

本書所整理的歷史記憶，在民族形成的過程中有著特殊的地位。臺灣民族未來的結局仍不可知，歷史上有太多潛在的特立族群，終究未能成功發展為民族。

民族的基礎之一是共同的歷史記憶。法國歷史學者勒南（Ernest Renan）一八八二年的文章〈民族是什麼？〉，一百年之後仍然深深影響歐美研究民族主義的學者，至今仍然廣受閱讀和引用。這篇文章最早提出民族構成的要件不是客觀的基礎，而是主觀企求結合或分離的意志。在分析過種族、語言、宗教都不是民族的基礎之後，文章的結尾這樣說，

民族是一個靈魂，一個精神的原則。事實上只有兩樣東西構成這個靈魂、這個精神原則。一是過去，另一是未來。一是對共同擁有的豐富傳統之記憶；另一是現在願意共同生活，願意繼續累積共同擁有的傳統。民族，正如個人，是長時期努力、犧牲、和獻身的結果。在所有的崇拜中，對先祖的崇拜最具正當性，因為我們的一切來自先祖。具有偉人和榮耀的英雄歷史，是民族理念所奠基的社會資本。這是成為民族的必要條件：過去有共同的榮耀，現在希望將之持續，未來渴望再度成就榮耀。人的愛因為他所讚許的犧牲、也因為該犧牲帶來的折磨而增長……

我說「曾經一起受苦」；的確，共同的苦難遠比幸福將我們團結。的確，民族記憶中的哀傷時刻比勝利更有價值，因為它強制我們承擔責任，也要求我們共同奮

鬥……

民族的存在是每一天的公民投票。正如一個人之所以存在，是因為每一天對生存的不斷確認……民族成員願意共同生活的意志，是民族存在唯一真正的標準。

他這樣結束文章，

我要說，人不是其種族的奴隸，不是其語言、也不是其宗教的奴隸，不是其地域上河流路徑、山岳走向的奴隸。一群人的集合體，以健康的精神和溫暖的心所創造的道德良知，即是民族。當這個道德良知為了公共幸福而犧牲個人利益，以此證明它的力量，那麼它就有正當性，就有權利存在。

民族是基於自由意志而結合，為共同的歷史記憶所凝固。記憶的內涵是，民族的成員如何為社群的共同利益而犧牲和付出。一九七七到一九八七這些年的歷史所呈現的，正是許多臺灣人這樣的表現。對過去奉獻的記憶，和面對未來挑戰的意志，「是成為民族的必要條件」。勒南這樣說，許多民族生存或滅亡的歷史似乎也如此證明。

臺灣民族有未來嗎？

參考資料

如果沒有許多前人的努力，本書不可能完成。對本書幫助最大的是他們以下的成果：

呂秀蓮，《重審美麗島》。臺北：前衛出版，一九九七。

新臺灣研究文教基金會美麗島事件口述歷史編輯小組，《珍藏美麗島：台灣民主歷程真紀錄》四冊。臺北：時報文化，一九九九。

姚嘉文，《景美大審判：美麗島軍法審判寫真》。姚嘉文辦公室，二〇〇〇。

楊青矗，《美麗島進行曲》，共三部。臺北：敦理出版，二〇〇九。

施明德，《叛亂‧遺囑》。臺北：財團法人施明德講座基金會，二〇一〇。
張富忠、邱萬興，《綠色年代：台灣民主運動25年 1975-2000》，上下冊。臺北：財團法人綠色旅行文教基金會，二〇〇五。

另外，以下的回憶錄、傳記等也提供了不少幫助：

康寧祥、陳政農，《台灣，打拼：康寧祥回憶錄》。臺北：允晨文化，二〇一三。
曾心儀，《心內那朵花：台灣民主運動的文學紀事》。永和：新風格文藝，二〇〇〇。
艾琳達、林佳瑩，《美麗的探險：艾琳達的一生》。新北市：遠景出版，二〇一一。
夏珍，《許信良的政治世界》。臺北：天下文化，一九九八。
陳增芝，《鹽水大飯店：戴振耀的革命青春》。臺北：玉山社，二〇一七。
檔案：《警備總司令部軍法處審理筆錄》。

國家圖書館出版品預行編目 (CIP) 資料

臺灣最好的時刻 1977-1987：民族記憶美麗島 / 吳乃德著 . -- 初版 . -- 臺北市：春山出版 , 2020.03
面；　公分 . --（春山之聲；15）
ISBN 978-986-98662-3-1（平裝）
1. 美麗島事件 2. 臺灣民主運動

733.2945　　109001240

Voice

春山之聲 015

臺灣最好的時刻，1977-1987
——民族記憶美麗島

作者　吳乃德
總編輯　莊瑞琳
責任編輯　夏君佩
行銷企畫　甘彩蓉
封面設計　王小美
內文排版　極翔企業有限公司

出版　春山出版有限公司
地址　116 臺北市文山區羅斯福路六段 297 號 10 樓
電話　（02）2931-8171
傳真　（02）8663-8233
總經銷　時報文化出版企業股份有限公司
電話　（02）29066842
地址　桃園市龜山區萬壽路二段 351 號
製版　瑞豐電腦製版印刷股份有限公司

初版一刷　2020 年 3 月
初版七刷　2022 年 3 月 3 日
定價　三八〇元

填寫本書線上回函

All Voices from the Island

島嶼湧現的聲音